Renate Ahrens

Hey you – lauf nicht weg!

Eine deutsch-englische Freundschaftsgeschichte

Rowohlt Taschenbuch Verlag

Originalausgabe
Veröffentlicht im Rowohlt Taschenbuch Verlag,
Reinbek bei Hamburg, August 2006

Lektorat Maya Geis
Umschlag- und Innenillustrationen Jan Lieffering
Umschlaggestaltung any.way, Andreas Pufal
rotfuchs-Comic Jan P. Schniebel
Satz DanteMT PostScript (InDesign)
bei KCS GmbH, Buchholz bei Hamburg
Druck und Bindung Druckerei C. H. Beck, Nördlingen
Printed in Germany
ISBN 13: 978 3 499 21365 6
ISBN 10: 3 499 21365 6

Hey you –
lauf nicht weg!

I Can Hardly Wait to See You

Als Marie am Sonnabendmorgen aufwachte, dachte sie als Erstes an Claire. Jetzt dauerte es nur noch anderthalb Tage, dann würden sie sich wieder sehen.

Drei Monate waren vergangen, seitdem sie Claire in Dublin besucht hatte. Es war eine so schöne Ferienwoche gewesen! Endlich hatte sie Claires neue Welt kennen gelernt: ihr Haus am Meer, ihren Hund Jamie und ihre Freundin Grace. Ja, sie war sogar mit Claire in die Schule gegangen und hatte mehr Englisch gesprochen als jemals zuvor in ihrem Leben. Anfangs war Marie noch etwas eifersüchtig auf Grace gewesen, aber eigentlich fand sie es gut, dass Claire neue Freunde gefunden hatte und nicht mehr traurig war. Als sie sich am Ende der Ferien wieder trennen mussten, war ihnen der Abschied nicht so schwer gefallen wie damals, als Claire aus Hamburg weggezogen war. Sie wussten jetzt, dass sie sich als Freundinnen nicht verlieren würden, auch wenn sie nicht mehr in derselben Stadt leben konnten.

Marie wäre gern nochmal eingeschlafen, aber nun begann Hanna nebenan zu schreien. Wahrscheinlich hatte sie Hunger oder musste ein Bäuerchen machen, oder ihre Windel war voll. Sie war vor sechs Wochen zur Welt gekommen, und alle waren sehr erleichtert gewesen, dass sie gesund war. Mam hatte monatelang im Krankenhaus gelegen, damit Hanna nicht zu früh geboren wurde. In der Zeit hatte Angelina bei ihnen den Haushalt versorgt. Und sie kam auch jetzt noch einmal in der Woche, um Mam zu helfen. Marie freute sich jedes Mal auf sie. Wenn Angelina nicht gewesen wäre, hätte sie sich vielleicht niemals mit Claire ausgesöhnt und wäre im Mai auch nicht nach Dublin geflogen. Angelina wusste, wie es war, von ihrer besten Freundin getrennt zu sein. Ihre Freundin Maria wohnte in Lissabon, und sie sahen sich nur alle paar Jahre.

«Marie! Marie!», hörte sie Julchen in dem Moment schreien, und da flog auch schon die Tür auf. «Die Zwillinge sind gemein!»

«Was ist denn passiert?», fragte Marie und nahm Julchen in die Arme.

«Sie ... sie haben mir meinen Elefanten weggenommen ... und dann ... haben sie ihn versteckt», schluchzte Julchen. «Und Mam kann ihn nicht suchen, weil sie Hanna füttern muss. Und Pa ist müde und will schlafen.»

«Ich helf dir nachher beim Suchen.»

«Nein, jetzt ... ich will ihn jetzt wiederhaben.»

«Na gut.» Marie stand auf und nahm Julchen an die Hand. Gemeinsam gingen sie in das Zimmer hinüber, das Julchen mit Isabelle und Nele teilte. Die Zwillinge lagen in ihren Betten und kicherten.

«Wo ist Julchens Elefant?», fragte Marie streng.

«Was für ein Elefant?», riefen die beiden wie aus einem Mund.

«Ihr wisst genau, welchen Elefanten ich meine.»

Julchen fing wieder an zu weinen, während die Zwillinge losprusteten vor Lachen.

Kurz entschlossen riss Marie die Schranktür auf, um nach dem Elefanten zu suchen. Sie durchwühlte die Anziehsachen der Zwillinge und warf stapelweise T-Shirts, Unterwäsche und Nachthemden auf den Boden.

«Hör sofort damit auf!», schrien die Zwillinge und sprangen aus ihren Betten. Sie waren superordentlich und hassten es, wenn jemand an ihre Sachen ging.

«Nur wenn ihr mir sagt, wo der Elefant ist», antwortete Marie und leerte das Sockenfach aus.

«Kann ich denn nicht mal am Wochenende etwas ausschlafen?», rief Pa. Er stand in der Tür und blickte sie alle kopfschüttelnd an.

«Die Zwillinge haben meinen Elefanten versteckt», murmelte Julchen.

Nele zog Julchens Stoffelefanten aus ihrem Ranzen. «Hier ist dein blöder Elefant.»

Julchen schnappte ihn sich und lief aus dem Zimmer.

Pa seufzte. «Mam braucht auch etwas Ruhe, weil sie Hanna gerade zu trinken gibt.»

«Wir haben nicht damit angefangen», sagte Marie. «Beschwer dich bei den Zwillingen.»

Sie ging ins Wohnzimmer und schaltete den Computer ein, um nachzusehen, ob Claire ihr vielleicht gestern Abend eine Mail geschickt hatte.

Im Hintergrund hörte sie, wie Pa mit den Zwillingen schimpfte. Sie sollten nicht immer so hässlich zu Julchen sein. Die hätte es im Augenblick schon schwer genug, weil sie nicht mehr die Kleinste sei und Mam viel Zeit mit dem Baby verbringen würde.

Julchen schien wirklich sehr eifersüchtig auf Hanna zu sein. Neulich war Marie ins Schlafzimmer der Eltern gekommen und hatte gesehen, wie Jul-

chen an der Wiege stand. Hanna brüllte, aber Julchen tat so, als sei nichts gewesen. Später hatte Mam ihr erzählt, dass Julchen Hanna schon ein paar Mal heftig gekniffen hätte. Sie müssten in Zukunft etwas auf sie aufpassen.

«Sie haben Post», ertönte es aus dem Computer.

Ja, da war tatsächlich eine Mail von Claire.

Dear Marie,

I'm so excited and I can hardly wait to see you. We'll arrive in Hamburg on Sunday afternoon at around half past four. My parents have hired a car and we'll first have to go to the hotel. Don't ask me why! But my Mum has promised that she'll drop me at your place later on, probably around seven, if that's all right.

It's raining in Dublin! I hope the weather in Hamburg is much better. Should I bring summer clothes and sandals? Here I'm wearing a sweater because it's not warm at all, although it's August!

I'm really looking forward to being in Hamburg again. How is Julchen? Thanks a lot for the lovely photograph of the new baby.

Hanna looks gorgeous. You are so lucky! I wish I had a baby sister!
Please tell your Mum it's really nice of her to lend me her bike. That's great! It means we'll be able to get around just like we did when I was still living in Hamburg.
Have you been back to our favourite spot? I had a dream the other night about the two of us sitting under our tree and looking out onto the canal. It was such a nice feeling to wake up and know that we'll be able to do that in a few days' time!
Lots of love and a big hug
Claire

Marie schrieb schnell eine Antwort an Claire:

Liebe Claire,
vielen Dank für deine Mail. Ich freu mich so auf morgen Abend! Komm einfach vorbei, wir sind zu Hause.
Hier ist es ziemlich warm. Du kannst also deine Sommersachen einpacken. Und vergiss deinen Badeanzug nicht. Wir wollen doch schwimmen gehen und um die Wette kraulen!

```
Hanna ist wirklich süß, aber sie schreit
auch viel, und dann ist mein Vater genervt,
weil er nachts davon aufwacht.
```

«Was machst du da?», fragte Julchen und legte ihren Kopf in Maries Schoß.

«Ich schreibe eine Mail an Claire.»

«Jellyfish Claire?»

«Ja, genau.»

Julchen hatte diesen Namen für Claire erfunden, als sie im letzten Winter bei *Witthüs* Qualle auf Sand gegessen hatten. Jellyfish on sand. Das war eine köstliche Mischung aus Nusskuchenstückchen, Obst und Sahne. Sie hatten viel gelacht über den witzigen Namen. Jellyfish war Julchens erstes englisches Wort.

«Sie kommt doch morgen zu Besuch nach Hamburg.»

«Gehen wir wieder Qualle auf Sand essen?»

«Bestimmt.»

«Claire ist lieb.»

«Soll ich sie von dir grüßen?»

Julchen nickte. Ihre Augen waren noch immer verweint. Marie drückte sie an sich und gab ihr einen Kuss.

Dann schrieb sie ihre Mail zu Ende und schickte sie ab.

Später, nach dem Frühstück, schwang sie sich auf ihr Rad und fuhr in Richtung Isebekkanal. Seit über einem halben Jahr war sie nicht mehr an ihrem alten Lieblingsplatz gewesen. Nach Claires Umzug hatte sie keine Lust gehabt, allein unter dem Baum mit den langen Ästen zu sitzen und aufs Wasser zu blicken. Aber jetzt würde Claire bald wieder hier sein, und da wollte Marie doch mal nachsehen, ob noch alles so war, wie sie es in Erinnerung hatte.

Sie kettete ihr Fahrrad am Zaun an und lief das letzte Stück zu Fuß. Ja, da war er, ihr Baum. Er sah aus wie eine grüne Glocke. Dicht an dicht lagen die Blätter auf den dünnen Ästen, die fast bis ins Wasser hingen. Das perfekte Versteck. Hier hatten Claire und sie oft gesessen und über wichtige Dinge gesprochen. Als sie das letzte Mal hier gewesen waren, hatte sie Claire erzählt, dass Mam wieder ein Kind bekommen würde.

Ihr Herz klopfte, als sie auf den Blättervorhang zuging. Ob der Baumstamm noch da war, den sie irgendwann gefunden und unter den Baum gerollt hatten?

Langsam schob sie die hängenden Äste beiseite

und erschrak. Überall lag Müll herum: Apfelsinenschalen, eine zerbeulte Spritedose und eine leere Chipstüte. Und mittendrin eine schmutzige, blau karierte Decke. Hauste hier etwa jemand? Marie spürte, wie die Wut in ihr hochstieg. So eine Gemeinheit! Claire und sie hatten diesen Ort so geliebt, und jetzt hatte sich hier ein anderer breit gemacht, jemand, der noch nicht mal seinen Müll einsammelte.

Sie drehte sich um und lief, so schnell sie konnte, zu ihrem Rad zurück. Ihre Hände zitterten, als sie das Schloss öffnete, und beim Aufsteigen wäre sie beinahe gestürzt.

Sie radelte los und war froh, als sie wieder Menschen um sich herum sah. Mam hatte sie oft gewarnt, dass sie nicht an einsamen Stellen spielen sollte. Marie hatte ihr nie von ihrem Lieblingsplatz erzählt, weil Claire und sie sich geschworen hatten, dass es ihr Geheimnis bleiben sollte. Und sie hatten sich in ihrem Versteck auch nie gefürchtet. Aber sie waren immer zu zweit dort gewesen und hatten kein einziges Mal irgendwelchen Müll entdeckt. Wer war das, der dort Unterschlupf gesucht hatte? War so jemand gefährlich?

Sie musste Claire sofort eine Mail schicken und

ihr berichten, wie es in ihrem alten Versteck aussah. Oder lieber doch nicht. Claire freute sich so, Marie wollte sie jetzt nicht enttäuschen. Und wer weiß, vielleicht hatten sie Glück, und die Decke und der Müll waren längst verschwunden, wenn Claire und sie in der nächsten Woche wiederkommen würden.

Endlich wieder zusammen!

*I*n der Nacht zu Sonntag wurde Marie plötzlich wach. Es war noch dunkel. Hanna schrie nicht, und auch sonst war es in der Wohnung ganz still. Ihr stand der Schweiß auf der Stirn, und ihre Kehle brannte. Hatte sie etwa Fieber, ausgerechnet jetzt, wo Claire zu Besuch kam?

Sie knipste ihre Nachttischlampe an. Viertel nach zwei. Vielleicht sollte sie sich etwas zu trinken holen.

Als sie in die Küche ging, fiel ihr der Traum wieder ein, den sie eben gehabt hatte. Sie war in ihrem alten Versteck gewesen und hatte auf einmal Stimmen gehört. Dann waren zwei unheimlich aussehende Männer aufgetaucht und hatten sie angebrüllt, was sie hier herumschnüffeln würde. Sie solle sofort verschwinden. Aber sie hatte sich nicht vom Fleck rühren können, und da waren die Männer immer näher auf sie zugekommen.

Marie goss sich ein Glas Wasser ein und lief in ihr

Zimmer zurück. Wahrscheinlich war es der Traum gewesen, der sie geweckt hatte. Das, was sie gestern entdeckt hatte, ging ihr einfach nicht mehr aus dem Kopf.

Als sie nach Hause gekommen war, hatte Mam sofort gemerkt, dass irgendwas nicht stimmte. Sie hatte sogar nochmal nachgefragt, was mit ihr los sei, aber Marie wollte ihr trotzdem nichts erzählen. Mam würde sich nur aufregen, und sie hatte im Augenblick genug Sorgen. Außerdem würde sie ihr verbieten, jemals wieder zu ihrem Versteck zu fahren.

Nebenan begann Hanna zu weinen. Marie knipste schnell ihre Lampe aus. Mam brauchte nicht zu wissen, dass sie wach war. Jetzt hörte sie auch Pas Stimme. Er klang ärgerlich. Ob er mit seiner Matratze wieder ins Wohnzimmer umzog? Vor ein paar Tagen hatte er gesagt, dass es so nicht weiterginge. Sie müssten sich eine größere Wohnung suchen, sonst würde er durchdrehen. Und wer soll das bezahlen?, hatte Mam gefragt. Das weiß ich auch nicht, hatte er geschrien. Ich weiß nur, dass ich jede Nacht zigmal wach werde und tagsüber oft so müde bin, dass mir die Augen zufallen. Pa arbeitete als Elektriker, und es war bestimmt nicht gut, bei dieser Arbeit müde zu sein. Vielleicht musste Mam sich doch wieder einen Job als Erzieherin suchen. Nur wer würde dann auf Hanna aufpassen? Die Großeltern wohnten nicht in Hamburg, und jemand wie Angelina müsste für das Aufpassen bezahlt werden. Ob danach noch genug Geld für eine höhere Miete übrig bleiben würde?

Maries Gedanken begannen, sich im Kreis zu drehen, und irgendwann schlief sie darüber ein.

Als sie aufwachte, saß Mam an ihrem Bett. «Guten Morgen, du Langschläferin.»

«Wie spät ist es?»

«Gleich zehn.»

«Oh …»

«Die Zwillinge haben schon ein paar Mal bei dir reingeschaut, aber du hast tief und fest geschlafen.»

«Ich war in der Nacht lange wach.»

«Hast du uns gehört?»

«Ja, aber ihr habt mich nicht geweckt.»

Mam runzelte die Stirn. «Dich bedrückt etwas. Das habe ich gestern schon gedacht.»

«Nee …» Marie starrte auf ihre Bettdecke. «Es ist wegen Claire … Ich bin so aufgeregt …»

«Aber zwischen euch ist doch längst wieder alles in Ordnung. Das wird sicher eine schöne Woche.»

«Ja …»

«Und versprich mir, dass du mir sagst, wenn irgendwas ist.»

«Hm …»

Mam strich Marie über den Kopf und gab ihr einen Kuss. Sollte sie ihr doch von dem Versteck erzählen? Nein, sie durfte das Versprechen nicht brechen, das sie Claire gegeben hatte.

An diesem Sonntag verging die Zeit besonders langsam. Immer wieder blickte Marie auf die Uhr. Wann war es endlich sieben?

Als es um kurz nach sieben klingelte, war Julchen die Erste an der Tür.

«Jellyfish Claire, jellyfish Claire», rief sie ins Treppenhaus und begann, die Treppe hinunterzusteigen.

Kurz darauf tauchte Claire mit Julchen an der Hand auf. Sie strahlte.

«Willkommen in Hamburg», sagte Marie, und dann fielen sie sich um den Hals.

«It's great to be back.»

«Ich bin so froh, dass du da bist.»

«Julchen has grown so much. I can't believe it.»

«Was hast du gesagt?», fragte Julchen.

«Dass du … groß geworden bist.»

«Hallo, Claire», sagte Mam und reichte Claire die Hand. «Wie schön, dich wieder zu sehen. Will deine Mutter nicht mit hochkommen?»

«She is looking for a place to park.»

«Wie war die Reise?»

«It was fine. The flight only took an hour and forty-five minutes.»

Jetzt kamen die Zwillinge herbeigelaufen, um Claire zu begrüßen. Sie trugen beide ihre Fußballhemden, auf die sie so stolz waren.

«Hi», sagte Claire erstaunt. «I didn't know you played football.»

«Schon seit zwei Monaten», antwortete Isabelle. «Wir sind sogar in einem Verein.»

«Zweimal in der Woche haben wir Training», fügte Nele hinzu.

«Are there only girls in your group?»

Isabelle runzelte die Stirn. «Das hab ich nicht verstanden …»

«Sind in eurer Gruppe … nur Mädchen?»

«Nein, es gibt viel mehr Jungen.»

«And do you get on with them? … Versteht ihr euch gut mit denen?»

Isabelle nickte.

«Meistens», murmelte Nele.

In dem Moment tauchte Pa mit Hanna auf dem Arm auf.

«Oh, she's so sweet!», rief Claire und griff nach Hannas kleiner Hand. «Look at those big eyes!»

«Komm!», rief Julchen ungeduldig und zog Claire hinter sich her ins Wohnzimmer.

«Julchen ist eifersüchtig auf Hanna», flüsterte Marie Claire ins Ohr. «Am besten siehst du dir Hanna an, wenn sie nicht dabei ist.»

Claire nickte und legte ihren Arm um Julchen. Die beiden hatten sich von Anfang an gemocht. Marie kannte niemanden, der sich so sehr eine Schwester oder einen Bruder wünschte, und es war ungerecht, dass Claire gar keine Geschwister hatte.

«When we came here we drove through our old street.»

«Warst du traurig?»

«It was very strange …»

«Claire hat ja genauso ein Armband wie du», rief Julchen plötzlich und zeigte auf die silbernen Armbänder der beiden.

Marie nickte. «In meinem steht *Claire*, und in ihrem steht *Marie*. Das war Claires Abschiedsgeschenk, als sie nach Dublin gezogen ist.»

«Schön sind die.»

«Ja, find ich auch. Übrigens …», Marie wandte sich an Claire: «In der Klasse freuen sich schon alle auf dich.»

«Really?»

«Frau Deubner hat mich zweimal gefragt, wann du kommst.»

«I'm quite nervous …»

«Warum? Du kennst doch alle. Und du sitzt natürlich neben mir.»

«And Wiebke?»

«Die sitzt auf meiner anderen Seite.»

«My Mum will drive me here in the mornings and then we can cycle to school together.»

«Super. Und mittags isst du bei uns.»

«Juhu!», rief Julchen und drückte Claire.

Claire streichelte ihr den Rücken. Marie sah ihr an, wie sehr sie es genoss, dass Julchen sofort wieder Vertrauen zu ihr gefasst hatte.

«My Mum is worried that it's too much work for your mother if I eat here every day.»

«Nein, sie hat gesagt, es macht keinen Unterschied, ob sie für einen mehr kocht.»

«I hope my Mum will see it like that, too. Do you know where I'd love to go tomorrow afternoon?» Marie sah Claires strahlende Augen und wusste sofort, wo ihre Freundin morgen Nachmittag gern hinfahren würde. Sollte sie ihr nicht doch von der Decke und dem Müll erzählen?

In dem Moment klingelte es.

«That's my Mum», rief Claire und lief zur Tür.

Es gab Apfelschorle für alle, und Mam wiederholte mindestens dreimal, dass sie sich freuen würde, wenn Claire in dieser Woche bei ihnen Mittagessen würde. Da war Claires Mutter endlich einverstanden.

Später beim Abschied zwinkerte Claire Marie zu, und Marie zwinkerte zurück. Ja, sie würden morgen zu ihrem Versteck fahren, aber sie würde Claire vorher nichts von ihrer Entdeckung erzählen und erst recht nichts von ihrem Traum.

Who's That?

Am nächsten Morgen radelten Marie und Claire gemeinsam zur Schule, genau wie früher, als Claire noch in Hamburg gewohnt hatte. Mams Rad war zwar etwas zu groß, aber sie kam trotzdem damit zurecht.

Kaum waren sie an der Schule angekommen, als schon die Ersten aus der Klasse auf sie zugelaufen kamen.

«Hallo, Claire», sagte Sarah und lächelte.

Claire strahlte. «Hallo.»

«Ich find's toll, dass du uns besuchst», rief die kleine Nina.

«Du kannst mir gleich bei meinen Englisch-Hausaufgaben helfen», meinte Gregor grinsend.

«Okay.»

«Wie ist es denn so in Irland?», fragte Tim und fuhr sich durch seine Stoppelhaare.

«Schön ... but it's also nice to be back in Hamburg.»

«Wir waren am letzten Wochenende in London», rief Max. «Das war vielleicht super.»

«Angeber», sagte Nina verächtlich.

Marie sah sich suchend nach Wiebke um. Sie war sonst morgens immer eine der Ersten.

Ah, jetzt hatte sie sie entdeckt. Sie stand ein Stück weiter entfernt am Zaun und sah aus, als traute sie sich nicht, näher zu kommen.

Marie winkte ihr zu, und als sich dann auch Claire umdrehte, kam sie schließlich zögernd auf die Gruppe zu.

«Hallo, Wiebke», sagte Claire.

«Hallo, Claire», antwortete Wiebke leise.

«Marie hat mir erzählt, dass du sehr gut … I don't know the word … that you are very good at doing the crawl.»

«The crawl? Ist das Kraulen?»

«Yes, that's it.»

«I like it a lot», murmelte Wiebke, «aber so gut bin ich auch wieder nicht.»

«Doch», sagte Marie. «Du kannst es besser als alle anderen aus der Klasse.»

«Stimmt», riefen Sarah und Nina.

Und selbst die Jungen nickten.

In dem Augenblick klingelte es. Marie war froh,

dass Claire und Wiebke jetzt schon mal miteinander geredet hatten. Sie klangen beide noch etwas unsicher, aber damit hatte sie fast gerechnet. Ihr war es in Dublin genauso ergangen, als sie Claires Freundin Grace kennen gelernt hatte.

Über die Sitzordnung hatte Marie schon in der letzten Woche mit Frau Deubner gesprochen. Sie würden einen kleinen Tisch neben den stellen, an dem Wiebke und sie saßen. So müsste keine ihrer Freundinnen allein sitzen.

In der ersten Stunde hatten sie Mathe. Dr. Petersen nickte Claire kurz zu, als fände er es alles andere als ungewöhnlich, dass sie nach mehr als einem halben Jahr plötzlich wieder da war. Dann wollte er die Hausaufgaben sehen.

Bei Frau Deubner war es natürlich ganz anders. Sie begrüßte Claire sehr herzlich und sagte, wie sehr sie sich freuen würde, sie wieder zu sehen.

«I think it would be very useful for us if we could ask you questions about your life in Ireland.»

«Yes, of course.»

«We are all very curious to hear how you've been getting on since you moved to Dublin in February.»

«Okay …»

«Now, what would you like to ask Claire?»

«Have you made new friends?», fragte Nina.

Claire nickte. «But it took quite a long time.»

«Marie said you got a dog», sagte Sarah. «Do you still have him?»

«Yes, it's a Golden Retriever. He is called Jamie.»

«Wie alt ist der?», rief Gregor dazwischen.

«In English, please», sagte Frau Deubner.

«How old … is your dog?»

«He's eight months now, still a puppy, really.»

«Can you see the sea from your house?», fragte Tim.

«Yes, I can. In fact the house is directly on the seashore.»

«Wir haben auch ein Haus am Meer», rief Max. «Aber in Spanien. Da ist es warm.»

«Shut up, you Angeber!», sagte Nina.

«What's that in English?», fragte Frau Deubner.

Das wusste niemand.

«A show-off.»

Sie nahm ein Stück Kreide und schrieb *a show-off* an die Tafel.

«Max, do you have a question for Claire?»

«Nee …»

«Come on. You travel so much. You must be curious to hear something about Ireland.»

«I don't know … Can you go sailing in Dublin?»

«Yes, there is a yacht harbour in Dun Laoghaire. That's not very far from where I live.»

«And what about your school?», fragte Wiebke leise.

«Speak up, please», rief Frau Deubner.

«She asked me about my school», sagte Claire. «That was really hard at the beginning. I hated the fact that it's not over until three o'clock, and then you have to do homework. And what's also awful is the school uniform.»

«What does it look like?», fragte Sarah.

«The girls wear a grey pleated skirt, a white blouse, a navy blue blazer and a tie.»

«Was ist das – a tie?», rief Gregor.

«Eine Krawatte», antwortete Marie.

«Oh, nee!»

Später wollte Frau Deubner wissen, ob es an Claires Schule auch etwas gäbe, was ihr besser gefallen würde als in Deutschland. Claire überlegte und erzählte dann von den verschiedenen Sportmöglichkeiten, die sie hätten: Tennis, Hockey, Basketball. Außerdem gäbe es ein Schulorchester, eine Theatergruppe und einen Chor. Vielleicht würde sie im Herbst in die Theatergruppe gehen.

«Theater ist cool», rief Tim. «Das könnten wir hier auch gebrauchen.»

«You're right», sagte Frau Deubner. «Leider sind dafür gerade die Gelder gestrichen worden.»

«Das ist bestimmt 'ne Privatschule, auf die Claire geht», rief Max.

Claire nickte. «Yes, it is. There are a lot of private schools in Ireland.»

«Könnten wir nicht bezahlen», sagte Tim.

«Wir auch nicht», murmelte Gregor.

Claire sah auf einmal richtig verlegen aus. Ihr Vater verdiente sehr viel Geld, und Marie wusste, dass ihrer Freundin das manchmal peinlich war.

«I think Claire should be allowed to ask questions, too», rief Marie, um das Thema zu wechseln.

«Thanks, Marie, that's a very good idea», stimmte ihr Frau Deubner dankbar zu.

Sie schien genauso erleichtert zu sein wie Claire, die jetzt anfing, der Klasse Fragen zu stellen. Was sie in den Sommerferien gemacht hätten, ob jemand ein Haustier hätte und wie es sei, in der sechsten Klasse zu sein.

In der Pause gingen Claire und sie zusammen mit Wiebke auf den Hof und unterhielten sich weiter über Dublin und Hamburg. Und dann verabredeten sie, am nächsten Tag gemeinsam schwimmen zu gehen. Marie hatte sehr gehofft, dass Claire und Wiebke sich gut verstehen würden, aber dass es so einfach sein würde, hätte sie nicht gedacht.

Der Morgen verging wie im Flug. Zwischendurch musste Marie immer wieder an ihr Versteck denken. Sie war sich fast sicher, dass alles so aussehen würde wie früher, wenn Claire und sie heute Nachmittag dort hinkommen würden. Wahrscheinlich hatte Freitagnacht ein Betrunkener unter dem Baum seinen Rausch ausgeschlafen, oder Kinder hatten dort gespielt und ihre Sachen liegen gelassen.

Als sie mittags nach Hause kamen, herrschte Chaos. Julchen schrie, weil die Zwillinge sie aus dem gemeinsamen Zimmer ausgesperrt hatten, Mam war damit beschäftigt, Hanna die Windel zu wechseln, und in der Küche kochte das Nudelwasser über.

«Kannst du mal eben Hanna halten?», rief Mam und lief in die Küche.

Marie nahm Hanna auf den Arm, während Claire mit Julchen ins Wohnzimmer ging und anfing, ihr eine Geschichte vorzulesen.

Es dauerte nicht lange, und die Zwillinge kamen aus ihrem Zimmer und wollten ebenfalls zuhören.

«Danke», sagte Mam, als sie zwanzig Minuten später in der Küche saßen und ihre Spaghetti verspeisten.

«Meine Claire», murmelte Julchen, mit einem Seitenblick auf die Zwillinge.

«Wird dein Vater häufiger nach Hamburg kommen, um hier für seine Bank zu arbeiten?», fragte Mam nach einer Weile.

«I hope so. And he hopes so, too. He loves being in Hamburg, just like me.»

«Und deine Mutter?»

«She is very worried about my Granny who is in hospital. In fact, my Mum almost didn't come with us.»

«Wirklich?», rief Marie.

«Yes. And now she is on the phone all the time to talk to the nurses and the doctors.»

«Vielleicht geht's deiner Oma ja bald wieder besser.»

«I don't think so. She had a stroke.»

«Was ist das?»

«I'm not sure. She can't speak and she can't walk.»

«Das klingt nach einem Schlaganfall», sagte Mam.

«One side of her face is paralysed.»

«Para… was?», fragte Marie.

«Eine Seite ihres Gesichts ist gelähmt», erklärte Mam.

«Bei wem?», fragte Isabelle.

«Bei Claires Oma», antwortete Marie.

«Bleibt das jetzt so?», fragte Nele.

«I don't know …»

«Hast du sie gern?», fragte Julchen.

«Yes … very much.»

«Unsere Oma und unser Opa wohnen ganz weit weg», verkündete Isabelle.

«Die sehen wir fast nie», rief Nele.

«Na, das stimmt nun auch wieder nicht», sagte Mam.

«Where do they live?»

«Am Bodensee», antwortete Marie. «Es wäre so schön, wenn sie nach Hamburg ziehen könnten.»

«Ja», seufzte Mam. «Das wäre es.»

«Und warum tun sie 's nicht?», fragte Isabelle.

«Weil sie dort unten glücklich sind. Ihr würdet ja auch nicht gern umziehen.»

«Ne, bloß nicht», rief Nele.

«Dürfen wir aufstehen?», fragte Marie, weil sie nicht noch länger übers Umziehen reden wollte.

Mam nickte. «Wie ist es mit den Hausaufgaben?»

«Die mach ich später. Wir haben nicht viel auf.»

Auf der Fahrt zu ihrem Versteck spürte Marie, wie sie immer aufgeregter wurde. Vielleicht hätte sie Claire doch von ihrer Entdeckung erzählen sollen.

«You've suddenly gone all quiet», sagte Claire, als sie an der Ampel warten mussten. «What's the matter with you?»

«Nichts», murmelte Marie.

Claire warf ihr einen skeptischen Blick zu, und auf einmal kam sich Marie blöd vor. Warum sollte Claire nicht wissen, wie enttäuscht sie am Sonnabend gewesen war? Wenn jetzt alles wieder genauso aussah wie früher, würden sie sich zusammen umso mehr freuen können.

«Ich … ich hab's dir bisher nicht gesagt, aber … ich bin vor zwei Tagen schon mal kurz zu unserem Versteck gefahren … und …»

«And? Was there something wrong?»

Marie nickte, und dann brach die Geschichte aus ihr heraus. Wie empört sie gewesen sei, aber auch erschrocken und dass sie nachts sogar davon geträumt habe.

«But why didn't you tell me?»

«Du hattest dich doch so gefreut …»

«And you didn't want to disappoint me?»

«Ja … Außerdem hab ich die ganze Zeit gehofft, dass heute alles wieder okay sein würde … aber jetzt ist mir plötzlich doch etwas mulmig zumute …»

«We'll have a quick look and if we see what you saw on Saturday we'll just leave.»

«Ist gut.»

Zehn Minuten später war es so weit: Vorsichtig schoben sie den Blättervorhang beiseite. Marie schluckte. Vor ihr auf dem Boden lag die schmutzige, blau karierte Decke. Der Müll war verschwunden. Aber im Baum hing jetzt ein alter Kinderanorak.

«Komm, wir gehen», flüsterte sie.

«Wait a minute», sagte Claire und deutete auf einen der höheren Äste.

Dort saß ein kleiner, schwarzhaariger Junge und schaute ängstlich zu ihnen herunter. Er konnte nicht viel älter sein als die Zwillinge, schoss es Marie durch den Kopf.

«Sind das hier deine Sachen?», fragte sie ihn.

Er antwortete nicht.

«What are you doing here?», versuchte Claire es.

Wieder antwortete er nicht. Vielleicht verstand er

weder Deutsch noch Englisch. Mit seiner hellbraunen Haut und seinen dunklen Augen sah er aus, als käme er nicht von hier. Womöglich sprach er eine andere Sprache.

«Können wir dir irgendwie helfen?», fragte Marie.

«You can't live in a tree», sagte Claire.

Da legte der Junge seinen Zeigefinger auf den Mund und schaute sie bittend an. Sie sollten ihn nicht verraten. Aber durften sie ihn denn hier allein lassen? In dem Moment sprang er auf den Boden hinunter und lief davon.

Ratlos gingen die Mädchen zu ihren Rädern zurück.

«Was wollen wir jetzt machen?», fragte Marie.

«I don't know …»

«Ich glaube, ich rede mit meiner Mutter …»

«It looked like he was asking us not to tell anybody.»

«Trotzdem …»

«Perhaps someone is threatening him …»

«Was heißt das?»

«Vielleicht wird er … von jemandem bedroht …»

«Oh …»

«I think we should keep it a secret. Otherwise something might happen to him.»

«Aber so kann ihm auch alles Mögliche passieren.»

«That tree is a perfect hiding-place.»

Marie nickte, aber wohl war ihr dabei nicht.

Was sollen wir bloß machen?

Beim Abendbrot hatte Marie kaum Hunger, obwohl es ihre Lieblingssalami gab. Und sie war so still, dass es sogar Julchen auffiel.

«Bist du traurig?»

«Nein …»

«Claire ist doch jetzt da.»

«Ja …»

«Hättest du ’s lieber gehabt, wenn sie noch zum Essen geblieben wäre?», fragte Mam.

«Nein, das war schon okay … Ihre Eltern wollten mit ihr zum Italiener.»

«Also, wenn meine beste Freundin zu Besuch käme, würde ich nicht so ein Gesicht ziehen», sagte Isabelle und biss in ihr Salamibrot.

«Was soll das denn heißen?», rief Nele und verschluckte sich fast an ihrem Kakao. «Ich bin doch deine beste Freundin!»

«Natürlich … ich meine ja auch nur … wenn wir keine Zwillinge wären …»

Marie sah, dass Nele den Tränen nahe war. Merkwürdig. Das passierte sonst nie. Isabelle und sie hielten immer zusammen.

In dem Moment fing Hanna im Schlafzimmer an zu weinen.

«Oh, nein», seufzte Mam, «sie war so schön eingeschlafen.»

«Ich hole sie», murmelte Pa und stand auf.

Marie war froh, dass sich jetzt alle um Hanna kümmerten, die sofort aufhörte zu weinen, als Pa mit ihr in die Küche zurückkam. Was hätte sie den anderen auch sagen sollen? Wir haben einen kleinen Jungen gefunden, der sich vor jemandem verstecken muss?

«Did you say anything to your parents about the boy?», fragte Claire, als sie am nächsten Morgen auf ihre Fahrräder stiegen.

«Nein.»

«Neither did I.»

«Aber ich habe den ganzen Abend an ihn gedacht.»

«Me too.»

«Und die anderen haben genau gemerkt, dass irgendwas mit mir los ist.»

«My parents also asked me if I was all right. They were even wondering if we had had a row.»

«Ich würde mich so fürchten, wenn ich unter dem Baum schlafen müsste.»

«We don't know if he really sleeps there. Perhaps he just goes there during the day.»

«Aber warum?»

«I've no idea.»

«Bestimmt nicht, weil er gern stundenlang allein in einem Baum hockt.»

«Perhaps he's just a strange kid who doesn't like playing with others.»

«Das glaub ich nicht. Er sah so ängstlich aus.»

«… That's true.»

«Und er hat uns gebeten, ihn nicht zu verraten. Warum hätte er das tun sollen? Nur, weil er nicht gern mit anderen spielt?»

«You're right. I'm only trying to find some kind of explanation …»

«Was heißt das?»

«Eine … Erklärung.»

«Ja, die hätt ich auch gern.»

Eine Weile radelten sie schweigend nebeneinanderher. Marie dachte daran, wie sehr sie sich auf diese Woche gefreut hatte, und jetzt war plötzlich alles so schwierig. Wären sie bloß nie zu ihrem alten Lieblingsplatz zurückgekehrt.

«Perhaps we should forget about the whole thing», hörte sie Claire da sagen.

«Wie meinst du das?»

«I'm sure we'll find another favourite spot.»

«Und der Junge?»

«We can't do anything if he doesn't want us to help him.»

Marie nickte. Vielleicht hatte Claire Recht, und sie sollten die ganze Sache vergessen.

Aber das war leichter gesagt als getan. In den ersten beiden Stunden hatten sie Kunst, ein Fach, das Marie mochte, und sie mochte auch Frau Safranski, die Kunstlehrerin. Heute sollten sie mit Wasserfarben einen Himmel malen, einen Himmel ihrer Wahl. Doch Marie sah keinen Himmel vor sich, sondern einen Baum. Und aus diesem Baum blickte ihr das ängstliche Gesicht des kleinen Jungen entgegen.

«Marie?»

Sie zuckte zusammen. Vor ihr stand Frau Safranski und zeigte auf den trockenen Tuschkasten.

«Du hast ja noch nicht mal angefangen.»

«Tut mir leid. Ich ...»

«Geht's dir nicht gut?»

«Doch ...»

«Na, dann leg mal los.»

Marie nickte und griff nach ihrem Pinsel. Als sie anfing zu malen, merkte sie, wie Claire sie verstohlen von der Seite ansah. Sie wusste, warum es ihr schwer fiel, an einen Himmel zu denken.

Nachmittags um drei waren sie mit Wiebke vorm Holthusenbad verabredet. Das Kraulen würde sie ablenken, dachte Marie, als sie sich umzogen. Außerdem war das Zusammensein zu dritt einfacher als zu zweit. Das hatte sie schon in der Pause und beim Nachhausefahren gespürt. Seitdem Claire und sie nicht mehr über den Jungen sprachen, fiel es ihnen schwer, wieder so miteinander zu reden, wie sie es früher getan hatten. Marie fand, dass es irgendwie künstlich klang, wenn sie Claire von der kleinen Hanna erzählte oder Claire ihr beschrieb, was Jamie wieder mal angestellt hatte.

«Where did you learn to do the crawl?», fragte Claire Wiebke, als sie unter der Dusche standen.

«My mother ... Sie hat's mir beigebracht.»

«Deine Mutter ... has taught you to do it?»

«Yes.»

«I wish my mother could do that. But she can't even swim.»

«Was?», rief Marie erstaunt. «Aber sie ist doch am Meer aufgewachsen.»

«What's that … aufgewachsen?»

«She … grew up …»

«Oh, you mean, she grew up by the sea. Yes, but there are a lot of Irish people, especially older ones, who can't swim, although they live by the sea.»

«Und wie kommt das?», fragte Wiebke.

«My father says it's because in the past people were so afraid of the sea that they didn't want to learn to swim.»

«Aber wenn sie nicht schwimmen können, können sie doch viel leichter ertrinken», sagte Marie.

«I know. And it happens every year.»

«Kann denn dein Vater schwimmen?»

«Yes, he loves it, but he can't do the crawl.»

Sie warteten, bis es etwas Platz im Becken gab, dann kraulten sie alle drei eine Bahn. Wiebke kam natürlich als Erste am anderen Ende an. Aber Marie hätte sie fast eingeholt.

«Super», sagte Wiebke. «Du hast dich ziemlich verbessert.»

«Ich hab viel geübt.»

«I'll never get the breathing right», stöhnte Claire, die noch völlig außer Puste war.

«Hauptsache, du atmest regelmäßig», sagte Wiebke. «Ich zeig's dir.»

«She's really nice», murmelte Claire, während sie Wiebke beim Kraulen zusahen.

Marie nickte.

«Do you think we should tell her about the boy?»

«Nein.»

«I can't forget him.»

«Ich auch nicht.»

«Shall we have a quick look if he's still there before we go home?»

«Okay …»

Ob Wiebke aufgefallen war, dass sie noch woanders hinwollten? Beim Abschied hatte sie sie einen Moment lang fragend angesehen. Aber Marie hatte so getan, als ob sie das nicht merken würde. Dies war eine Sache, die nur Claire und sie etwas anging.

«Perhaps the boy is gone and we don't have to worry any more», flüsterte Claire, als sie auf den Baum zugingen.

Marie nickte, obwohl sie sich kaum vorstellen konnte, dass es so einfach sein würde.

Als sie den Blättervorhang beiseite schoben, lag dort noch immer die Decke. Aber der Anorak war verschwunden. Und von dem kleinen Jungen war auch nichts zu sehen.

«Hey, didn't I tell you? He's gone.»

«Seine Decke ist noch da. Hoffentlich ist ihm nichts passiert.»

«I'm sure he's fine. Do you know what I was just thinking?»

«Nein …»

«Perhaps he was playing hide and seek with his friends.»

«Was ist das?»

«… Verstecken.»

«Du glaubst, dass das alles nur ein Spiel war?»

«I don't know …»

«Aber warum sollte er sonnabends und montags Verstecken spielen?»

«He might love the game.»

«Und was ist mit der Decke? So was braucht man doch nicht zum Versteckenspielen.»

In dem Augenblick hörte Marie hinter sich ein Rascheln. Sie drehte sich um und sah gerade noch, wie eine kleine Gestalt hinter einem Busch verschwand.

«Hey you!», rief Claire.

«Lauf nicht weg!»

«Do you think that was him?»

«Hm ...»

Claire blickte sie nachdenklich an. «Let's sit down. I'm sure he'll come back.»

«Glaub ich nicht ...»

Trotzdem setzten sie sich auf ihren alten Baumstamm und schauten aufs Wasser.

«Ich finde, wir sollten mit jemandem reden», sagte Marie nach einer Weile.

«But we promised the boy not to tell anybody.»

«Wir haben's ihm nicht versprochen. Er hat uns nur darum gebeten.»

«I wouldn't do it.»

«Meine Mutter hat mir vor kurzem erzählt, dass die Polizei ein Mädchen gefunden hat, das drei Monate lang in Hauseingängen und unter Brücken geschlafen hat.»

«But didn't her parents look for her?»

«Nein. Sie war weggelaufen, weil die Eltern grausam zu ihr waren.»

«A child in Hamburg couldn't sleep rough for such a long time without somebody noticing.»

«Sleep rough ... Was heißt das?»

«Auf der Straße leben ...»

«Das Mädchen war ziemlich geschickt. Es hat sich immer neue Plätze gesucht.»

«That must have been awful ...»

Wieder verfielen sie in Schweigen. Marie starrte auf ihre Füße. Worauf warteten sie? Dass der Junge zurückkäme und auf einmal Vertrauen zu ihnen haben würde?

«Do you think he was able to understand us?»

«Keine Ahnung.»

«He doesn't look as if he was born in Europe.»

«Nein ...»

«Perhaps he is from India ...»

«Wie kommst du darauf?»

«My father has an Indian colleague. And his son looks just like that little boy.»

«Versteht er Englisch?»

«Yes, but he speaks a different language with his parents.»

Marie schaute auf ihre Uhr. Kurz nach sechs. Um halb sieben gab's Abendbrot.

«Ich muss bald nach Hause.»

«Okay ... I was so sure he would come back ...»

«Bestimmt hat er Angst vor uns. Vielleicht hat er überhaupt Angst vor Menschen.»

What Does He Look Like?

«*I* dreamt about him», sagte Claire am nächsten Tag in der Pause. «He was sleeping under a bridge.»

Maries Kehle schnürte sich zusammen.

«Then his father suddenly turned up and tried to beat him. But the little boy managed to run away. It was awful, because I knew he was hungry and had nowhere to go.»

«Vielleicht haben wir heute Nachmittag Glück, dass wir ihn wieder sehen, und er redet mit uns.»

«I don't think he will …»

«Wenn nicht, sprechen wir mit meinen Eltern.»

«Okay …»

«Hallo», sagte da eine leise Stimme hinter ihnen.

Marie drehte sich um. Es war Wiebke.

«Stör ich euch?»

«No, you're not», antwortete Claire. «Thanks again for showing me how to do the crawl.»

«Wenn ihr Lust habt, können wir ja diese Woche nochmal schwimmen gehen.»

Marie nickte, doch mit ihren Gedanken war sie woanders.

Als sie mittags nach Hause kamen, hörten sie schon im Treppenhaus das Geschrei der Zwillinge.

«Bei uns ist mal wieder die Hölle los», stöhnte Marie und schloss die Tür auf.

«I'm sure it can't be that bad», murmelte Claire.

Kaum hatten sie die Wohnung betreten, als Isabelle und Nele ihnen entgegenstürzten.

«Unsere Fußballhemden sind weg!», rief Isabelle.

«Und wir haben doch nachher Training!», schniefte Nele.

«Ich habe keine Ahnung, wo eure Hemden sind», antwortete Marie und gab Claire ein Zeichen, dass sie am besten gleich in ihr Zimmer verschwinden sollten.

«Dabei erinnere ich mich genau, dass ich sie gewaschen und in den Schrank gelegt habe», sagte Mam.

«Aber jetzt sie sind weg!», schrien die Zwillinge wie aus einem Mund.

In dem Moment fing Hanna an zu brüllen.

«Kinder, müsst ihr denn so schreien?», seufzte Mam und ging ins Schlafzimmer, um nach Hanna zu sehen.

«Where is Julchen?», fragte Claire.

«Ich weiß nicht.»

«She is usually the first to say hello when we come home.»

«Das stimmt.»

«I'll have a look. Perhaps she's in the living-room.»

Als Marie ein paar Minuten später ins Wohnzimmer kam, sah sie Claire und Julchen zusammen am Tisch sitzen, wo Julchen ihre Malsachen ausgebreitet hatte.

«What a wonderful elephant», sagte Claire und zeigte auf eines der Bilder.

Beim dem Wort *elephant* stutzte Marie plötzlich.

«Julchen?»

«Ja …»

«Komm mal her zu mir.»

«Nein … ich will Claire meine Bilder zeigen.»

«Bitte.»

Widerwillig stand Julchen auf. «Du bist blöd …»

«Bin ich nicht.» Marie nahm sie in die Arme und flüsterte ihr ins Ohr, ob es sein könne, dass sie die Fußballhemden versteckt habe.

Statt einer Antwort drückte Julchen nur ihr Gesicht in Maries Bauch.

«Die Zwillinge haben doch neulich deinen Elefanten versteckt.»

«Ja … das war so gemein.»

«Bist du deshalb vielleicht noch sauer auf sie?»

«Hm …»

«Wo soll ich denn suchen?»

«… Unter meiner Matratze …»

Auf dem Weg zur Tür bemerkte Marie Claires erstaunten Blick. Das hatte sie Julchen nicht zugetraut. Aber Claire wusste eben nicht, wie es war, Geschwister zu haben.

Ein paar Minuten später hatten die Zwillinge ihre Fußballhemden wieder. Empört stürzten sie sich auf Julchen, die sofort anfing zu weinen. Erst als Mam rief, nun sei aber Schluss, verzogen sich die Zwillinge schmollend in ihr Zimmer.

«Do they always fight like that?», fragte Claire leise.

«Seitdem Hanna da ist, ist es schlimmer geworden. Julchen hat's nicht leicht, weil sie nicht mehr die Kleinste ist und die Zwillinge viel stärker sind.»

«Poor Julchen …»

«Sie wird's schon schaffen.»

Beim Mittagessen besserte sich die Stimmung allmählich wieder, zumal es Kartoffelpuffer gab, und die mochten sie alle.

«Wie war's heute in der Schule?», fragte Mam.

«Langweilig», antwortete Marie. «Das einzig Gute war Englisch.»

«Frau Deubner is really nice», sagte Claire. «I wish I had her as my English teacher in Dublin.»

«Sind eure Lehrer nicht nett?», fragte Isabelle.

«Most of them are quite strict.»

«Was heißt das?»

«… Streng.»

«Unsere Klassenlehrerin ist überhaupt nicht streng», rief Nele.

«What's her name?»

«Frau Fischer.»

«Ich bin sehr froh, dass ihr Frau Fischer bekommen habt», sagte Mam. «Sie kümmert sich um alle, auch um die, die Probleme haben.»

«Heute hat Frau Fischer gesagt, dass sie zu Murad nach Hause fahren wird», verkündete Isabelle.

«Wer ist Murad?», fragte Julchen.

«Der indische Junge aus unserer Klasse.»

Marie horchte auf. «Ich wusste nicht, dass ihr einen indischen Jungen in der Klasse habt …»

«Schon seit Ostern», rief Nele.

«Why does your teacher want to go to Murad's?», fragte Claire.

Isabelle runzelte die Stirn. «Was hast du gesagt?»

«Warum will ... eure Lehrerin zu Murad nach Hause gehen?»

«Weil er seit Freitag fehlt, und keiner weiß, was mit ihm los ist.»

«Telefon haben die nicht», murmelte Nele.

Maries Gedanken begannen zu rasen. «Wie sieht er aus?»

«Wieso?»

«Nur so ...»

«Er ist klein, hat schwarze Haare, hellbraune Haut ...»

«Und dunkle Augen», fügte Isabelle hinzu.

Die Beschreibung passte genau. Marie warf Claire einen kurzen Blick zu. Ob ihre Freundin dasselbe dachte wie sie? Claire nickte.

«Irgendwas stimmt mit ihm nicht», fuhr Nele jetzt fort, «weil er nie etwas sagt.»

«Aber er ist nicht stumm», rief Isabelle. «Einmal, als seine Mutter ihn abgeholt hat, hat er eine Sprache mit ihr geredet, die keiner kannte.»

«Wahrscheinlich Hindi», warf Mam ein.

«Frau Fischer hat uns erzählt, dass er auch etwas Englisch spricht», sagte Nele.

«Und wie ist es mit Deutsch?»

«Ich glaube, er versteht uns schon ganz gut», murmelte Isabelle, «aber er will nicht mit uns reden.»

Marie holte tief Luft. «Vielleicht ist Murad der Junge, den wir in den letzten Tagen ein paar Mal gesehen haben.»

«Was?», riefen die Zwillinge. «Wo?»

«... In unserem alten Versteck ...»

«Was für ein Versteck?», krähte Julchen.

«Das wüsste ich auch gern», sagte Mam und sah auf einmal ganz ernst aus.

«Unter einem Baum am Isebekkanal ...»

«Ist das nicht etwas einsam?»

«Neee ...»

«Und seit wann ist das euer Versteck?»

«Since last summer ...»

«Am letzten Sonnabend war ich zum ersten Mal seit Claires Umzug wieder da ... Und da hab ich mich erschrocken, weil überall Müll rumlag ...»

«And then, on Monday we saw this little boy ...»

«Er hat uns ein Zeichen gegeben, dass wir ihn nicht verraten sollen. Er sah aus, als hätte er Angst.»

«Perhaps he has parents who are not good to him …»

«Moment mal», sagte Mam. «Und wo ist der Junge jetzt?»

«Das wissen wir nicht.»

«Maybe he always goes home in the evening …»

«Das kann so nicht weitergehen», sagte Mam und stand auf. «Ich werde jetzt Frau Fischer anrufen, bevor noch was passiert.»

Nachdem sie die Küche verlassen hatte, waren sie alle einen Moment lang still. Nur Hanna gluckste in ihrer Wiege fröhlich vor sich hin.

«Bist du schon mal von zu Hause ausgerissen?», fragte Isabelle.

Claire schüttelte den Kopf.

«Würdest du das gern?»

«No», antwortete Claire, «I wouldn't.»

«Kann ich das Versteck auch mal sehen?», rief Julchen.

«Ich weiß nicht …», seufzte Marie.

«Warum nicht?»

«Erst mal müssen wir herausfinden, was mit dem Jungen los ist.»

Ein paar Minuten später kam Mam in die Küche zurück.

«Frau Fischer war sehr dankbar für euern Hinweis, und sie würde sich nachher gern euer Versteck zeigen lassen.»

«Aber vielleicht ist der Junge gar nicht da», wandte Marie ein.

«And we don't know for sure if it's Murad.»

«Trotzdem. Es ist ein wichtiger Anhaltspunkt.»

«War sie denn nicht bei ihm zu Hause?», fragte Isabelle.

«Sie hat dort niemanden angetroffen. Heute Abend will sie es nochmal probieren.»

«I hope he's all right», murmelte Claire.

Mam nickte. «Das hoffe ich auch.»

Was ist denn das?

*U*m halb vier hatten sie sich mit Frau Fischer am Weidenstieg verabredet. Von hier aus war es nicht weit zu ihrem Versteck.

«I'm not sure if it was right to talk about where the boy has been hiding», sagte Claire, als sie ihre Fahrräder am Zaun anketteten.

«Aber wenn es wirklich Murad ist, dann erfahren seine Eltern doch sowieso heute von Frau Fischer, dass er die Schule schwänzt.»

«I still think it would have been better not to give away his hiding-place.»

«Und warum?»

«We don't know how the parents will react when they hear about their son skipping school. Perhaps he'll need a place to hide after that.»

«Weil sie ihn schlagen könnten?»

Claire nickte. Jetzt war Marie auf einmal auch etwas mulmig zumute.

«That must be his teacher», sagte Claire in dem

Moment und zeigte auf eine junge Frau, die lächelnd auf sie zukam.

«Bist du die Schwester der Zwillinge?», fragte sie Marie und gab ihnen beiden die Hand.

«Ja.»

«Du hast auch diese schönen roten Haare.»

Marie zuckte mit den Achseln. Sie hätte lieber keine roten Haare. «Das ist meine Freundin Claire. Sie kommt aus Irland.»

«Hallo, Claire. Sprichst du Deutsch?»

«Ja.»

«Ich war so erleichtert zu hören, dass ihr vielleicht eine Idee habt, wo Murad stecken könnte.»

«Wir sind aber nicht sicher, ob es wirklich Murad ist, den wir gesehen haben.»

«Ich weiß, aber es würde zu ihm passen, dass er sich an so einen einsamen Ort zurückzieht.»

«Ist er … unglücklich hier in Hamburg?», fragte Claire.

«Ja … Ich glaube, er hat Heimweh nach Indien. Und deshalb fällt es ihm so schwer, hier Freunde zu finden.»

«Und … was ist mit seinen Eltern?», fragte Marie.

«Ich habe bisher nur die Mutter kennen gelernt. Sie schien genauso bedrückt wie ihr Sohn.»

«Wir haben … etwas Angst, was passieren wird, wenn … wenn die Eltern hören, dass Murad …» Claire unterbrach sich. «What's skipping school?»

«Schwänzen», antwortete Marie.

«Dass er … die Schule schwänzt …»

«Das versteh ich gut», sagte Frau Fischer. «Trotzdem muss ich die Eltern informieren. Hoffentlich ist Murad wenigstens abends immer nach Hause gekommen.»

«Aber sonst hätten seine Eltern doch bestimmt die Polizei gerufen, oder?», fragte Marie.

«Wahrscheinlich ja …»

Frau Fischer sah genauso ernst aus wie Mam vorhin. Ob sie auch von der Geschichte des Mädchens gehört hatte, dessen Eltern so grausam waren, dass es nicht mehr zu Hause wohnen wollte?

«Gehen wir jetzt zu euerm Versteck?»

Marie nickte. Aber was war, wenn Murad sie gleich mit seiner Lehrerin sehen würde und dann weglief?

Schweigend gingen sie hintereinander her zu ihrem Baum. Es war ein seltsames Gefühl, dass sie gleich einer Frau, die sie kaum kannten, ihren geheimen Lieblingsplatz zeigen würden. Aber vielleicht war es auch gar nicht mehr ihr Lieblingsplatz, dachte Marie plötzlich. Nach allem, was in den letzten Tagen geschehen war.

Als sie vor dem grünen Blättervorhang standen, war sie auf einmal sicher, dass sie Murad hier nicht finden würden. Entweder hockte er längst hinter irgendeinem Busch und beobachtete sie, oder er hatte gestern schon beschlossen, nicht mehr wiederzukommen und sich ein neues Versteck zu suchen.

Und richtig. Der kleine Platz unter dem Blätterdach war leer. Marie warf einen Blick in den Baum, doch auch dort war von Murad nichts zu sehen.

«Ein perfektes Versteck», sagte Frau Fischer leise.

«Sie müssen Murads Eltern ja nicht unbedingt erzählen, dass Sie hier waren.»

«Nein, ich hab schon verstanden. Ihr wollt nicht wie Verräter dastehen.»

«Exactly», murmelte Claire.

Frau Fischer versprach, abends bei Marie anzurufen und ihnen von dem Besuch bei Murads Familie zu berichten. Dann bedankte sie sich noch einmal und bestellte Grüße an die Zwillinge.

Nachdem sie gegangen war, setzten sich Marie und Claire auf den Baumstamm und überlegten, wie sie den Rest des Nachmittags verbringen wollten.

«We could cycle to the Alster.»

«Hm ...»

«Or go for another swim ...»

«Ja, vielleicht ...»

Marie legte den Kopf in den Nacken und schaute nach oben in die Baumkrone, die so dicht war, dass sie nur hier und da ein winziges Stück Himmel erkennen konnte. Selbst bei starkem Regen dauerte es lange, bis man hier nass wurde. Das hatte sie an diesem Ort immer so geliebt.

Als sie ihren Kopf langsam wieder senkte, blieb ihr Blick an etwas Weißem hängen, das in einer der Astgabeln lag. «Guck mal, was ist denn das?»

«Where?»

«Da!» Marie zeigte auf den kleinen, weißen Fleck, etwa drei oder vier Meter über ihnen.

«Looks like a piece of cloth.»

«Das hol ich runter», rief Marie.

Ruck, zuck kletterte sie den Baum hinauf und griff in die Astgabel. Es war tatsächlich etwas Stoffartiges, was ihre Hand zu fassen bekam. Und darin eingewickelt befand sich ein harter Gegenstand.

«What is it?», rief Claire zu ihr hoch.

«Keine Ahnung. Sieht aus wie ein altes Taschentuch. Aber da ist irgendwas drin.»

Als sie wieder unten angekommen war, knotete sie das Taschentuch auf und entdeckte ein kleines, rotes Rennauto.

«That must belong to Murad.»

«Ob er es vergessen hat, als er gestern so schnell weggelaufen ist?»

«I'm sure he'll come back to get it.»

«Und solange behalten wir's.»

«Why? We could just leave it in the tree.»

«Wenn wir sein Rennauto haben, wird er vielleicht mit uns reden ...»

«So do you think we should wait for him?»

«Ja.»

Es hatte angefangen zu regnen. Wie feine Nadeln trafen die Tropfen auf der Wasseroberfläche auf und hinterließen kleine Kreise. Die beiden Mädchen blickten schweigend über den Kanal.

«I wish my Granny weren't so ill», sagte Claire nach einer Weile leise.

«Ist sie so krank?»

Claire nickte. «My Mum has been crying a lot. And last night she said she wanted to go back to Dublin today. But my Dad persuaded her to stay with us until Sunday.»

Marie dachte an ihre Oma, die noch mit dem Rad

durch die Gegend fuhr und jeden Donnerstag mit Opa zum Tanzen ging. Sie konnte sich nicht vorstellen, dass sie jemals krank würde.

«Do you think Murad will come when it's raining?»

«Ich weiß nicht …» Marie sah Murad vor sich, wie er am Kanal entlanglief, auf der Suche nach einem neuen Versteck. Sie kannte die Bäume dort. Keiner bot so viel Schutz wie dieser.

«I wish we knew where he was …»

«Ja …»

Allmählich wurde der Regen immer heftiger. Marie fing plötzlich an zu frieren. Sie hatte nur ein dünnes T-Shirt an, weil es vorhin noch warm und sonnig gewesen war.

«I'm getting cold.»

«Ich friere auch.»

«And it's not as nice here as it used to be.»

Marie nickte. «Wollen wir los?»

«Yes. Let's go.»

Sie zogen die Köpfe ein und rannten zu ihren Rädern. Als Marie ihr Schloss vom Zaun löste, meinte sie, einen Moment lang einen Kopf hinter einem der Büsche gesehen zu haben. Aber sicher war sie sich nicht.

«Are you coming?», rief Claire.

«Ja», antwortete Marie und schwang sich auf ihr Rad. Wenn es Murad war, der dort hinter dem Busch saß, würde er jetzt vergeblich nach seinem Rennauto suchen.

Zu Hause ließ Mam erst mal heißes Wasser in die Wanne einlaufen, weil sie so durchgefroren waren.

«Ich leih dir was von meinen Sachen», sagte Marie, nachdem sie sich abgetrocknet hatten.

Sie waren beide etwa gleich groß und hatten schon früher manchmal Kleidungsstücke ausgetauscht.

«Warum seid ihr denn im Regen Rad gefahren?», fragte Julchen neugierig, als sie bei Kakao und Apfelkuchen in der Küche saßen.

«Weil wir keine Lust mehr hatten, in unserem Versteck zu sitzen», antwortete Marie.

«War der Junge wieder da?»

«Nein.»

«Warum nicht?»

Claire nahm sie in die Arme. «Because he's now also hiding from us.»

«Was?»

«Weil er … sich jetzt auch vor uns versteckt.»

Kurz darauf kamen Pa und die Zwillinge vom

Fußballtraining nach Hause. Noch nie hatte Marie die beiden so nass und so schmutzig gesehen.

«Ich hab heute ein Tor geschossen», rief Isabelle stolz.

«Und ich auch fast», murmelte Nele.

«Aber nur fast.»

«Ab in die Wanne», rief Mam und schob die Zwillinge vor sich her ins Badezimmer.

Während Pa sich ein Stück Kuchen abschnitt, erzählte Julchen ihm von dem indischen Jungen und dem Versteck. Marie wäre es lieber gewesen, wenn sie es Pa selbst gesagt hätte, vor allem, als sie seinen besorgten Blick sah.

«Du hast uns doch versprochen, dass du nicht an einsamen Stellen spielst.»

«Aber da ist es auch gar nicht richtig einsam.»

«Was heißt hier, ‹gar nicht richtig einsam›?» Pa runzelte die Stirn. «Offensichtlich so einsam, dass sich dort ein Kind stunden- oder tagelang aufhalten kann, ohne von jemandem bemerkt zu werden.»

«But we've always been there together», sagte Claire, «and we've never been afraid.»

Bis auf letzten Sonnabend, dachte Marie. Da war sie allein dort gewesen, und da hatte sie sich auch etwas gefürchtet.

«Ich möchte, dass ihr diesen Ort in Zukunft meidet», verkündete Pa. «Und mit der Suche nach dem Jungen sollt ihr auch aufhören. Das ist nicht eure Aufgabe.»

Fast hätte Marie ihm von dem kleinen Rennauto erzählt, das sie Murad noch zurückgeben mussten, doch dann ließ sie es lieber. Pa würde das Auto wahrscheinlich bei Frau Fischer abgeben wollen, und das würde niemandem weiterhelfen.

Um halb neun, als Claire längst von ihrer Mutter abgeholt worden war, klingelte das Telefon.

Mam nahm ab, und Marie hörte, wie sie ein paar Mal «Aha» und «Ich verstehe» sagte, bevor sie sich verabschiedete.

«War das Frau Fischer?»

«Ja, sie hat nicht viel erreicht. Bei Murad war auch heute Abend niemand zu Hause. Jetzt hat sie dort einen Brief hinterlassen und die Eltern gebeten, dass sie sich bei ihr melden sollen.»

«Wohnt die Familie überhaupt noch da?», fragte Pa.

«Ja. Eine Nachbarin hat Frau Fischer erzählt, dass Murads Vater immer bis spät in die Nacht in einem Restaurant arbeitet und die Mutter dort manchmal aushilft. Dann nehmen sie Murad mit, weil sie ihn nicht allein in der Wohnung lassen wollen.»

Vielleicht hat er doch nicht solche Eltern wie das Mädchen aus der Zeitung, dachte Marie, als sie im Bett lag. Draußen prasselte der Regen gegen das Fenster, und jetzt hatte es auch noch angefangen zu donnern.

Sie rollte sich in ihre Decke ein und machte die Augen zu. Hoffentlich schlief Murad nicht unter dem Baum, sondern in einem warmen Bett wie sie.

They Didn't Ask Me

*A*m nächsten Morgen erzählte Marie Claire als Erstes von dem Brief, den Frau Fischer an Murads Eltern geschrieben hatte.

«I'm sure they were quite angry with him.»

«Das glaub ich auch.»

«Do you think they beat him?»

«Hoffentlich nicht …»

«I wonder if he has gone back to school today.»

«Bestimmt.»

Aber mittags erfuhren sie von den Zwillingen, dass Murad wieder nicht in der Schule gewesen war.

«Frau Fischer hat gesagt, dass sie sich Sorgen macht», rief Isabelle.

«Sie will jetzt mit dem Direktor sprechen», fügte Nele hinzu.

«Es kann den Eltern doch nicht egal sein, ob ihr Sohn die Schule schwänzt oder nicht», sagte Mam kopfschüttelnd.

«Perhaps they didn't get the letter», murmelte Claire.

Marie blickte sie verblüfft an. «Wie meinst du das?»

«Murad could have found it and decided not to give it to his parents.»

«Was hast du gesagt?», fragte Julchen.

«Dass Murad … den Brief gefunden hat … ihn aber seinen Eltern nicht gegeben hat.»

«Oh …»

Marie wandte sich an die Zwillinge. «Würdet ihr ihm das zutrauen?»

Isabelle zuckte nur mit den Achseln.

«Vielleicht», antwortete Nele. «Wir kennen ihn ja nicht.»

«Niemand scheint ihn zu kennen», sagte Mam und stellte eine große Schüssel mit Tortellini auf den Tisch. «Das ist genau das Problem.»

«Wir würden ihn ja gern kennen lernen», rief Isabelle. «Aber wenn er nicht mit uns redet?»

Marie dachte an das kleine, rote Rennauto. Das würde Murad sicher zum Reden bringen. Sie mussten ihn nur erst mal finden.

Nachmittags um zwei kam Angelina, wie immer donnerstags, um Mam beim Putzen und Bügeln zu helfen.

Sie freute sich, als sie Claire sah. «Wie schön, dass du Marie besuchst. Sie hat mir viel von dir erzählt.»

«Danke, dass Sie ... ihr damals geholfen haben», sagte Claire. «Wir hatten ... What's a quarrel?»

«Ein Streit», antwortete Marie.

«Wir hatten ... einen schlimmen Streit.»

«Es ist eben manchmal nicht so einfach, wenn Freundinnen getrennt werden.»

«Das kann man wohl sagen», murmelte Marie.

«Vielleicht macht Murad ja gerade was Ähnliches durch», meinte Mam und erzählte, was in den letzten Tagen passiert war.

«Oje, das klingt nicht gut», sagte Angelina. «Hoffentlich taucht der Junge bald wieder auf.»

«Ja, das hoffen wir alle.»

Marie und Claire hatten vorgehabt, gleich nach dem Essen loszufahren, aber Mam bestand darauf, dass Marie zunächst ihre Hausaufgaben machte. Ausgerechnet heute, wo sie doch Murad suchen wollten!

«Ihr müsst mir versprechen, dass ihr nicht mehr zu dieser einsamen Stelle fahrt», sagte Mam besorgt, als sie schließlich fertig waren und aufbrechen wollten.

«Wir haben aber was, was Murad gehört und was wir ihm zurückgeben müssen», antwortete Marie.

Mam runzelte die Stirn. «Wieso habt ihr etwas, was ihm gehört?»

«It's a toy car which we found in the tree», erklärte Claire.

«Und warum habt ihr dieses Spielzeugauto nicht dort liegen gelassen?»

«Weil wir dachten, wenn er zurückkommt, um es sich zu holen, spricht er vielleicht mit uns ...»

«Ach, ihr beiden», seufzte Mam. «Mir ist nicht wohl bei dieser Geschichte. Pa hat Recht, wenn er sagt, dass es nicht eure Aufgabe ist, nach dem Jungen zu suchen.»

«Bitte, Mam. Lass uns noch einmal hinfahren.»

«Am liebsten würde ich mitkommen ...»

«Nein, wenn ein Erwachsener dabei ist, läuft er sofort weg.»

«Dann nehmt wenigstens mein Handy mit, damit ihr mich anrufen könnt, wenn irgendwas ist.»

«Okay.»

«Vielleicht wird's wirklich Zeit, dass du ein eigenes bekommst», fügte Mam nachdenklich hinzu.

«Das sag ich ja schon seit Monaten.»

Sie waren bereits auf der Treppe, als Angelina ihnen nachrief, dass sie noch etwas für sie habe.

«Was denn?», rief Marie ungeduldig, aber dann lief sie doch nochmal nach oben.

Angelina überreichte ihr lächelnd ein kleines Paket. «Portugiesischer Zimtkuchen. Habe ich heute Morgen frisch gebacken.»

«Danke.»

«Der schmeckt vielleicht auch euerm Murad.»

Auf dem Weg zum Isebekkanal dachte Marie an das kleine Auto, das in ihrem Rucksack lag. Sie hatte es sich gestern Abend zum ersten Mal genauer angesehen. Es war ziemlich zerbeult und zerkratzt; außerdem fehlte ihm das linke Hinterrad. Wer weiß, ob Murad es überhaupt zurückhaben wollte?

«At least it's not raining», sagte Claire, als sie auf ihren Baum zugingen.

Marie spürte, dass auch sie keine große Lust hatte, in ihrem alten Versteck zu sitzen und auf Murad zu warten. Nach dem starken Regen war es hier immer noch sehr feucht, und es roch modrig.

«Ich finde, wir bleiben nicht lange. Wenn er in der nächsten halben Stunde nicht kommt, legen wir das Auto in den Baum zurück und gehen wieder.»

«Yes. But I wouldn't mind having some of Angelina's cake while we are waiting.»

Marie nickte. Angelinas Kuchen konnte sie immer essen.

Sie hatten sich gerade auf ihren Baumstamm gesetzt und das Kuchenpaket ausgepackt, als sie hinter sich ein Rascheln hörten.

«Da ist er», flüsterte Marie und drehte sich um.

Und da stand er tatsächlich und blickte sie ängstlich an.

«Hallo … Murad», sagte sie leise.

Er stutzte einen Moment lang, dann zeigte er auf die Astgabel im Baum.

«Yes, we've found your toy car.»

Merkwürdig, dass er nicht wissen wollte, woher sie seinen Namen kannten. Oder war es gar nicht Murad, der dort stand?

«Of course you'll get it back but first we have to talk to you.»

Er schüttelte den Kopf und streckte ihnen seine geöffnete Hand entgegen.

«Nein, Murad, erst mal musst du uns zuhören.»

Wieder schüttelte er den Kopf. Die Zwillinge hatten also Recht gehabt. Er verstand schon ganz gut Deutsch.

«We know your name, because you are in the same class as Marie's twin sisters.»

«Sie heißen Isabelle und Nele und haben auch rote Haare.»

Jetzt presste er die Lippen zusammen und starrte aufs Wasser. Vielleicht mochte er die Zwillinge nicht.

«We need to talk to you, because your teacher, Frau Fischer, has been looking for you. She is very worried, because you have been skipping school since last Friday.»

«Gestern hat sie sogar einen Brief bei euch zu Hause eingeworfen.»

«But this morning you still didn't come back. Why not?»

«Hast du hier etwa auch nachts geschlafen?»

Murad rührte sich nicht. Marie und Claire sahen sich ratlos an. Wenn er nicht reden wollte, war es nicht zu ändern. Da konnten sie ihm noch so viele Fragen stellen.

«Would you like a piece of cake?», fragte Claire schließlich.

Marie war sich sicher, dass er wieder nicht antworten würde, doch in dem Moment hörte sie ihn leise sagen:

«Yes, please ...»

Sie reichte ihm ein großes Stück, das er mit beiden Händen entgegennahm. Dann biss er vorsichtig davon ab.

«Das ist Zimtkuchen.»

«... Zimt...kuchen?»

«Cinnamon cake», übersetzte Claire.

«Hast du so was schon mal gegessen?»

«Nein ...»

Während sie alle drei schweigend Angelinas Kuchen aßen, überlegte Marie, ob es nicht besser war, keine Fragen mehr zu stellen. Vielleicht würde Murad von selbst anfangen zu erzählen.

«Do you know ...» Claire räusperte sich. «I used to live here until February ... Then we moved to Dublin, which is in Ireland ... quite far away ...»

Murad aß weiter, ohne Claire anzusehen.

«I'm here on holiday ... just for a week ...»

«Es war schrecklich, als sie weggezogen ist», fügte Marie hinzu. «Ich hab sie so vermisst.»

«And for me in Dublin it was awful, too, because I didn't know anybody ... and I didn't want to be there ...»

Murad blickte auf. «Why did you move to ... Ireland?»

«Because my father got a job there.»

«And mine got a job here», brach es aus Murad heraus. «And then we just left … They didn't ask me …»

«Hast du Heimweh?»

Murad schluckte. «Ja … I want to go back … to our village … and to my friends …»

Plötzlich begann er zu weinen. Marie stand auf und ging langsam auf ihn zu. Er zitterte, als sie den Arm um seine Schultern legte.

«I … I don't like this city … There are houses everywhere … and so many cars … in India I had a dog … and I always played with my friend Kim and his monkey …»

«Was ist ein ‹monkey›?», fragte Marie.

«Ein Affe», antwortete Claire.

«Dein Freund hat einen Affen als Haustier?»

«Ja …»

«And what kind of dog did you have?»

«A small, brown one … I called him Bobo … He could run really fast …»

«Hast du ihn verschenkt, bevor ihr gefahren seid?», fragte Marie.

Murad nickte. «Ich … hab ihn Kim gegeben …»

«Der wird sicher gut für ihn sorgen.»

«Hoffentlich …»

«I also have a dog», sagte Claire. «His name is Jamie.»

«Und ich hab keinen Hund», murmelte Marie. «Weil wir nicht genug Platz haben …»

«And because Isabelle and Nele are allergic to animal hair.»

«Ja, das auch …»

«Don't you want to sit down?», fragte Claire und zeigte auf den Baumstamm neben sich.

Marie spürte, wie Murads Schultern sich anspannten. Würde er gleich weglaufen? Nein, er warf ihr nur einen kurzen, zögernden Blick zu, dann setzten sie sich.

«Why do you come here?», fragte er nach einer Weile.

«It used to be our favourite spot before I moved to Dublin.»

«Kim und ich haben immer … im Schuppen gespielt. Der gehörte meinem Opa.»

«Ist er mit nach Deutschland gekommen?»

Murads Augen füllten sich wieder mit Tränen. «Nein …»

«Is this now your favourite spot?», fragte Claire und teilte den Rest des Kuchens unter ihnen auf.

«No … I only come here … because I don't want to be anywhere else …»

«Und deine Eltern? Haben die nichts davon gemerkt?»

«Sie … gehen zur Arbeit … and I'm always home in the evening.»

«Ich hab mich ziemlich erschrocken am letzten Sonnabend, als ich gesehen habe, dass unser alter Lieblingsplatz jetzt besetzt ist.»

«Why was it your … Lieblingsplatz?»

«Hier waren wir ganz für uns.»

«That meant we could speak about things others weren't supposed to hear.»

«Ja, hier habe ich dir erzählt, dass meine Mutter wieder ein Kind bekommt.»

«Yes, and you also told me that the pregnancy wasn't planned.»

Marie dachte noch darüber nach, dass sie sich ein Leben ohne Hanna gar nicht mehr vorstellen konnte, als Murad plötzlich aufsprang.

«Hey, Murad!», rief Claire.

«Lauf nicht weg!»

Doch da war er schon verschwunden.

«Was ist denn jetzt passiert?», fragte Marie und sah Claire erschrocken an.

«I've no idea.»

«Babys waren wohl das falsche Thema.»

«Perhaps his mother is pregnant.»

Marie nickte und knüllte das Kuchenpapier zusammen.

Als sie kurz darauf ihren Fahrradschlüssel aus dem Rucksack holen wollte, stieß ihre Hand auf etwas Hartes.

«Oh, nee!»

«What's the matter?»

«Wir haben vergessen, Murad das Rennauto zurückzugeben!»

Marie hat eine Idee

Zu Hause erzählten sie Mam, was sie von Murad erfahren hatten.

«Jetzt hat er wenigstens schon mal mit euch gesprochen. Das ist doch ein Fortschritt.»

«Ja, aber dann ist er plötzlich wieder weggerannt.»

«And now we still have his toy car.»

Mam seufzte. «Und was machen wir nun?»

In dem Augenblick klingelte das Telefon.

«Ich gehe», rief Marie und lief ins Wohnzimmer.

Es war Frau Fischer, die ihr erzählte, dass sie vorhin Murads Mutter zu Hause erreicht habe.

«Und was hat sie gesagt?»

«Sie wusste nichts von dem Brief. Den muss Murad vor ihr versteckt haben. Aber sie hat versprochen, dass sie Murad morgen früh zur Schule bringen wird.»

«Ich hab noch eine Frage …»

«Ja?»

«Wo wohnt Murad? Claire und ich haben etwas gefunden, was ihm gehört und was wir ihm gern zurückgeben würden.»

«In der Bismarckstraße 6. Sein Nachname ist Kapoor. Aber es kann gut sein, dass jetzt keiner da ist.»

«Wir versuchen's», antwortete Marie und legte auf.

Inzwischen war Pa nach Hause gekommen und hatte von Mam gehört, was geschehen war.

«Ich weiß nicht, ob ihr zu Murad nach Hause fahren solltet», meinte Mam. «Vielleicht fühlt sich seine Mutter dann etwas überrumpelt. Gleich zwei unerwartete Besuche an einem Tag.»

«Aber Murad wird sich freuen, wenn er sein Rennauto wiederbekommt», meinte Pa.

«Genau», rief Marie.

«Ich fahr euch hin», verkündete Pa und griff nach seinem Autoschlüssel.

Sie wollten gerade bei *Kapoor* klingeln, als die Haustür geöffnet wurde und Murad vor ihnen stand. Er war so erstaunt, dass er sie mit offenem Mund anstarrte.

«Hallo», sagte Marie und lächelte.

«Hallo …»

Im nächsten Moment tauchte seine Mutter hinter ihm auf. Sie war klein und dünn und hatte ein trauriges Gesicht. Schwanger ist die nicht, dachte Marie.

Pa stellte sich vor und entschuldigte sich bei Murads Mutter, dass sie hier so unvermutet aufgekreuzt seien. Aber seine Tochter Marie und ihre Freundin Claire hätten etwas, was sie ihrem Sohn zurückgeben wollten.

Murads Mutter zuckte hilflos mit den Achseln und sah ihren Sohn Rat suchend an. Der sagte etwas in einer Sprache, die Marie nicht kannte, aber geriet dann ins Stocken.

«Ich glaube, er hat auch nicht alles verstanden», sagte Pa.

«We are sorry we turned up here without notice», übersetzte Claire. «But my friend Marie und I have something we want to give back to your son.»

Marie zog das kleine Rennauto aus ihrem Rucksack und reichte es Murad.

«Danke …», sagte er leise.

«Oh, there it is», rief seine Mutter verblüfft.

Marie hätte gedacht, dass sie jetzt gehen würden, aber Pa schien noch bleiben zu wollen.

«You are from India, my daughter told me …»

Murads Mutter nickte. «We are from a village south of Delhi.»

«And how long have you been here?»

«Four and a half months …»

«Do you like Hamburg?»

«… Life is … difficult for us …»

«Murad told us that he's quite homesick», sagte Claire.

«Yes … me too. But my husband has got a good job …»

«Wo arbeitet er?», fragte Marie. «Where … does he work?»

«In a restaurant … It belongs to my brother-in-law … He came here many years ago …»

«What's the name of the restaurant?», fragte Pa.

«Delhi restaurant …»

«Ah, in der Schopstraße.»

«Yes.»

«Das kenn ich. Very nice food.»

Murads Mutter lächelte.

«Perhaps you'll be less homesick once you've found some friends», sagte Pa zu Murad.

«I don't know …»

Da hatte Marie auf einmal eine Idee. «Spielst du gern Fußball?»

«Ja.» Plötzlich leuchteten Murads Augen.

«Meine Zwillingsschwestern sind in einem Verein ganz hier in der Nähe. Es ist eine gemischte Gruppe. Vielleicht kannst du da mitspielen.»

«Das … war zu schnell …», sagte Murad.

«Marie's twin sisters play football in a club nearby», übersetzte Claire wieder. «It's a mixed group. Perhaps you could play with them.»

Murad blickte seine Mutter fragend an. Sie sagte etwas in ihrer Sprache zu ihm, worauf ein Schwall von Worten aus ihm herausbrach.

Hoffentlich erlaubt sie es ihm, dachte Marie, als sie sah, wie Murads Mutter immer noch die Stirn runzelte.

«Is it expensive … to join the club?», fragte sie schließlich.

«No», antwortete Pa. «It costs ten Euro ten cent per month. They train for one and a half hours twice a week.»

«Well, that's all right then …»

Murad rief etwas, das wie «Juhu» auf Hindi klang, und fiel seiner Mutter um den Hals. Sie strich ihm über den Kopf und lächelte.

«I'll ring the coach to ask if Murad can join the twins' group», sagte Pa.

«Thank you. It would be great if it worked out. Then Murad wouldn't be so lonely any more.»

Als sie sich verabschiedeten, strahlte Murad. Es muss einfach klappen, dachte Marie.

Isabelle war alles andere als begeistert von der Idee, dass Murad mit ihnen in einer Gruppe spielen könnte. «Der redet nie, und der lacht auch nie», stöhnte sie. «Und jetzt soll er auch noch mit zum Fußball kommen?»

«Er hat angefangen zu reden», sagte Marie.

«And he smiled, too …», fügte Claire hinzu.

«Was heißt das?», fragte Julchen.

«Er hat … gelächelt.»

«Und trotzdem ist er blöd», rief Isabelle.

«Es wäre aber gut, wenn er Freunde finden könnte», sagte Mam. «Dann hätte er nicht mehr so viel Heimweh.»

«Aber warum soll er ausgerechnet in unserer Gruppe spielen?»

«Euch kennt er wenigstens schon etwas aus der Schule», erklärte Marie.

«Das stimmt», murmelte Nele.

Isabelle warf ihr einen wütenden Blick zu. «Bist du jetzt etwa für ihn?»

«Wenn ich in ein fremdes Land müsste, würde ich auch gern Freunde finden.»

«Aber du hast doch mich», protestierte Isabelle.

«Ich meine ja auch nur … wenn wir keine Zwillinge wären …»

«Bist du verrückt?»

«Das hast du neulich auch gesagt!»

In dem Moment kam Pa in die Küche. Er zwinkerte Marie zu, und da wusste sie, dass er gute Nachrichten hatte.

«Ich habe eben mit euerm Trainer telefoniert. In eurer Gruppe ist noch ein Platz frei. Murad kann gleich morgen Nachmittag anfangen.»

«That's great!», sagte Claire erleichtert.

«Find ich überhaupt nicht», schrie Isabelle und rannte aus der Küche.

«Warte!», rief Nele und lief hinter ihr her.

Marie spürte, wie sie allmählich wütend wurde. «Was bildet Isabelle sich eigentlich ein?»

«Die wird sich schon wieder beruhigen», meinte Mam.

«Soll ich sie durchkitzeln?», rief Julchen und fing an zu kichern.

Mam schüttelte den Kopf. «Am besten lässt du die Zwillinge in Ruhe.»

«How will we tell Murad about tomorrow afternoon, if they don't have a phone?», fragte Claire.

«Sie haben kein Telefon?», sagte Pa. «Das wusste ich nicht.»

«Wir könnten zu dem Restaurant fahren, in dem Murads Vater arbeitet», schlug Marie vor.

«Ja … gute Idee …»

«Wisst ihr denn, wie es heißt?», fragte Mam.

«Er arbeitet im *Delhi Restaurant* in der Schopstraße. Da waren wir schon mal.»

«Das ist ja gar nicht weit.»

«Nein … und anschließend könnten wir Claire zum Hotel zurückbringen. Das hatten wir ihren Eltern doch versprochen.»

«Dann nichts wie los!», rief Marie.

Im *Delhi Restaurant* herrschte Hochbetrieb, und es roch lecker nach Curry und anderen Gewürzen, die Marie nicht kannte.

Sie schaute sich suchend um, aber konnte weder Murad noch seine Mutter entdecken.

Da zeigte Claire in eine hintere Ecke des Raumes. «There he is.»

Jetzt sah Marie ihn auch. Er saß vor dem Fernseher und schaute sich ein Fußballspiel an.

«Geht mal los und erzählt's ihm», sagte Pa. «Ich spreche mit seinen Eltern.»

Gemeinsam schoben sie sich zwischen den Tischen hindurch, bis sie neben Murad standen, der sie immer noch nicht bemerkt hatte.

«Hi, Murad.»

«Oh … hi …» Er sprang auf und blickte sie erwartungsvoll an.

«Mein Vater hat vorhin mit dem Trainer telefoniert …»

«Und?»

«You can start tomorrow afternoon.»

«Yippee!», rief Murad und klatschte vor Freude in die Hände.

Einige der Gäste drehten sich nach ihm um und lächelten, als sie sahen, wie er strahlend in die Küche lief.

«Das ist Aruns kleiner Neffe», meinte ein Mann. «Monatelang hat er keine Miene verzogen.»

Die Frau neben ihm nickte. «Vielleicht lebt er sich jetzt allmählich hier ein.»

Marie und Claire folgten Murad in die Küche. Dort stand Pa und redete mit Murads Mutter und zwei Männern, von denen der eine viel älter war als der andere. Das musste Arun sein, der Onkel.

«This is my daughter Marie», sagte Pa. «And that's her friend Claire, from Ireland.»

«I'm Murad's Dad», sagte der jüngere der beiden Männer, der genauso klein und dünn war wie Murads Mutter.

«And I'm his uncle.»

Marie und Claire gaben allen die Hand, und dann erzählte Pa, dass Murad morgen nach der Schule mit den Zwillingen zu ihnen nach Hause kommen würde. Nach dem Mittagessen würde Mam die drei zum Fußballtraining bringen.

«Thank you very much», sagte Murads Mutter. «We are so glad it worked out.»

«We are, too», antwortete Pa. «Perhaps now things will be easier for Murad.»

Look At Him!

Morgens beim Frühstück verkündete Isabelle, dass sie heute nicht zum Fußballtraining gehen würde.

In Mams Gesicht zuckte es. «Und warum nicht, wenn ich fragen darf?»

«Keine Lust.»

«Es ist wegen Murad, oder?», fragte Nele.

Isabelle zuckte nur mit den Achseln.

Mam holte tief Luft. «Weißt du was? Diese trotzige Tour kannst du dir sparen.»

«Ich bin überhaupt nicht trotzig. Ich hab einfach keine Lust.»

«Du hast neulich selbst gesagt, ihr würdet Murad gern kennen lernen, aber er würde nicht mit euch reden. Jetzt hat er angefangen zu reden und freut sich darauf, mit euch Fußball zu spielen, und nun passt dir das auch nicht. Warum?»

«Ist doch egal, oder?», schrie Isabelle und sprang auf.

«Setz dich bitte wieder hin», sagte Mam leise.

Es lag etwas in ihrer Stimme, das sogar Isabelle aufhorchen ließ. Schmollend ließ sie sich auf ihren Stuhl zurückfallen und rührte lustlos in ihrem Müsli.

«Murad wird heute nach der Schule mit zu uns zum Mittagessen kommen. Er ist unser Gast, und ich möchte, dass du ihn auch so behandelst.»

Isabelle presste die Lippen zusammen.

«Hast du mich verstanden?»

Es war ganz still am Tisch. Selbst Julchen schien die Luft anzuhalten.

«Ja …», sagte Isabelle schließlich.

«Dann ist es ja gut.»

Als Claire kam, um Marie abzuholen, heulte Isabelle im Badezimmer. «What happened?»

«Isabelle hat so einen Dickkopf», seufzte Mam. «Es ist manchmal schwer zu ertragen.»

«Ich rede mit ihr», sagte Nele und verschwand in Richtung Badezimmer.

«Und ihr beiden müsst los, sonst kommt ihr zu spät.»

«It's my last day at school», sagte Claire traurig.

«Was hast du gesagt?», fragte Julchen.

Claire nahm sie in die Arme. «Dass heute … mein letzter Schultag ist.»

«Warum?», fragte Julchen erschrocken.

«Weil ich … am Sonntag nach Dublin zurückfliege …»

«Nein», rief Julchen. «Du sollst hier bleiben.»

Marie nickte. «Die Woche ist viel zu schnell vergangen.»

«That's true.»

Mam reichte ihnen ihre Schulbrote und zwei Äpfel. «Und was habt ihr heute Nachmittag vor?»

Claire schaute Marie fragend an. «Shall we ask Wiebke if she wants to go swimming again?»

«Ja … obwohl ich auch gern zum Fußballplatz gehen würde, um beim Training zuzugucken.»

«Perhaps we can do both.»

«Musst du wirklich schon wieder nach Dublin zurück?», fragte Sarah in der Pause.

Claire nickte. «My summer holidays are over. Next week I'll have to go back to school.»

«Wie lang sind eure Ferien?», rief die kleine Nina.

«Almost three months.»

Gregor fielen fast die Augen aus dem Kopf. «Wie bitte? Das darf doch wohl nicht wahr sein!»

«It's because I'm in a private school. The National schools have nine weeks holiday.»

«Immer noch drei Wochen mehr als bei uns. Vielleicht sollte ich nach Irland auswandern.»

«Ich würde lieber nach Amerika gehen», sagte Max. «Meine Eltern haben Freunde in New York. Bei denen könnte ich wohnen.»

«Oh, nee!», rief Nina. «Hör auf!»

«Und was hast du im Sommer gemacht?», fragte Tim. «Warst du die ganze Zeit verreist?»

«We went to the west of Ireland for three weeks. That was great. And then I did a sailing course in Dublin for two weeks.»

«Auch nicht schlecht.»

«Außerdem kannst du jeden Tag im Meer schwimmen», sagte Wiebke leise. «Da muss man gar nicht verreisen.»

Als sie kurz darauf in die Klasse zurückgingen, fragte Claire Wiebke, ob sie Lust hätte, nachmittags nochmal zusammen schwimmen zu gehen.

«Ja … Ich wollte euch auch schon fragen, aber ich hatte das Gefühl … dass ihr … ich weiß auch nicht … dass ihr keine Zeit hattet.»

«Stimmt, wir waren in den letzten Tagen mit was ganz anderem beschäftigt», sagte Marie.

Und dann erzählten sie ihr die Geschichte von Murad. Wiebke fand es toll, dass er jetzt Fußball spielen würde. Und das war es auch. Hauptsache, Isabelle würde mit ihrem Dickkopf nicht alles verderben.

Aber als sie mittags nach Hause kamen, hörten sie schon im Treppenhaus das Lachen der Zwillinge.

«It sounds as if things are okay again», sagte Claire.

«Hm …»

Hoffentlich war Murad auch mitgekommen, so, wie sie es gestern mit seinen Eltern vereinbart hatten.

Ja, da saß er in der Küche und strahlte. Und neben ihm hockte Julchen, die ihn gerade fragte, ob er gern in dem Baum am Kanal gelebt hätte. Murad versuchte ihr zu erklären, dass er nur am Tag dort gewesen sei, abends hätte er in seinem Bett geschlafen.

Marie mixte für alle eine Apfelschorle, während Mam begann, das Essen auf die Teller zu füllen.

«Magst du Reis mit Gemüse?», fragte sie Murad.

Er nickte.

«Das Gemüse heißt Ratatouille», sagte Isabelle.

«Woher weißt du das?», fragte Nele.

«Weiß ich eben.»

«Rata...Rata...Rata...touille», rief Julchen und grinste.

«Das sind Auberginen, Zucchini, Paprikaschoten und Tomaten», erklärte Mam.

«... Mag ich gern ...», murmelte Murad.

In dem Moment fing Hanna im Schlafzimmer an zu schreien.

«Oh, nein», rief Mam. «Warum muss sie ausgerechnet jetzt aufwachen?»

«Ich gehe», sagte Marie und stand auf.

Als sie ins Schlafzimmer kam und sich über die Wiege beugte, hörte Hanna sofort auf und blickte sie mit großen Augen an, doch kaum hatte Marie sich aufgerichtet, da fing sie wieder an zu schreien.

«Ist ja gut», flüsterte sie und nahm Hanna auf den Arm. Vorsichtig strich sie ihr über den kleinen, verschwitzten Kopf. Sie hatte immer noch etwas Angst, wenn Hanna so schrie. Bei Julchen hatte sie diese Angst nie gehabt. Es lag wahrscheinlich daran, dass Mam so lange im Krankenhaus gelegen hatte und sie nicht wussten, ob dieses Baby überleben würde.

«Bring sie mit», hörte sie Mam rufen. «Wir legen sie hier ins Körbchen.»

Und richtig. Kaum hatte sie die Küche betreten, da war Hanna still.

«Sie will nicht allein sein», sagte Julchen.

«Das wolltest du auch nie», meinte Mam schmunzelnd.

«Und wir?», riefen die Zwillinge wie aus einem Mund.

«Ihr wart ja sowieso immer zu zweit», antwortete Marie. «Ihr wisst gar nicht, wie das ist, allein zu sein.»

«Doch!», sagte Isabelle. «Wenn Nele blöd zu mir ist …»

«Oder du blöd zu mir bist …»

«Wer möchte Nachtisch?», unterbrach Mam die beiden und stellte eine große Schale mit Blaubeerquarkspeise auf den Tisch.

«Ich!!!», riefen Julchen und die Zwillinge.

«Du auch, Murad?»

«… Ja …»

Nachdem er sein Schälchen entgegengenommen hatte, fragte er leise: «Wie … alt … ist Hanna?»

«Knapp sieben Wochen.»

«Mam hat ewig im Krankenhaus gelegen, bevor sie geboren wurde», sagte Nele.

«Das war vielleicht schlimm», stöhnte Isabelle.

«Es war eine schwierige Zeit», stimmte Mam ihr zu. «Aber zum Glück ist ja alles gut gegangen.»

Nach dem Essen verzogen sich die Zwillinge in ihr Zimmer, um sich fürs Training umzuziehen. Claire spielte mit Julchen im Wohnzimmer, und Mam gab Hanna im Schlafzimmer zu trinken.

Murad sah Marie zu, wie sie das Geschirr in die Spülmaschine einräumte.

«I had a small brother», sagte er plötzlich.

Marie drehte sich zu ihm um.

«He was six months old … when he died …»

«Oh …»

«After that my Dad wanted to leave … That's why we came here …»

Kein Wunder, dass Murad neulich nichts von Babys hören wollte, dachte Marie. Und jetzt begriff sie auch, warum er all die Monate geschwiegen hatte. Er hatte nicht nur Heimweh gehabt, sondern einen viel größeren Kummer.

«Guck mal, was ich gemalt habe», hörten sie Julchen rufen.

Und dann stürmte sie in die Küche und legte ein Bild vor Murad auf den Tisch. «Das bist du!»

Er begann zu lächeln, als er den kleinen, dunkelhaarigen Jungen betrachtete, der ängstlich in einem Baum hockte. Unter ihm floss ein wilder Strom, aus dem ein Krokodil auftauchte.

«Seit wann gibt's denn Krokodile im Isebekkanal?», fragte Marie.

Julchen grinste. «Immer schon.»

«In Indien … gibt's welche …», murmelte Murad.

«Siehst du!», rief Julchen und lief zurück ins Wohnzimmer.

Claire erschrak, als Marie ihr auf dem Weg zum Holthusenbad erzählte, was sie von Murad erfahren hatte.

«But why did his father want to leave India after the baby died?»

«Ich weiß nicht … Vielleicht konnte er es nicht ertragen, weiter am selben Ort zu sein …»

«Yes …»

«Glaubst du, dass sie hier bleiben werden?»

«I hope for Murad that they will. Now that he has begun to speak.»

Nach dem Schwimmen radelten sie direkt zum Fußballplatz. Schon von weitem sah Marie, wie Julchen aufgeregt am Zaun auf und ab lief. Ein Stück weiter entfernt stand Mam mit Hanna auf dem Arm und winkte ihnen zu.

«Na, wie läuft's?», fragte Marie.

Mam lächelte. «Wunderbar.»

«Hey, look at him!», rief Claire und zeigte auf Murad, der gerade einem anderen, viel größeren Jungen den Ball abgenommen hatte und jetzt damit loslief.

«Murad! Murad! Murad!», schrie Julchen.

Im nächsten Moment schoss Murad ein Tor, und alle jubelten.

Später kam der Trainer zu ihnen und sagte, Murad sei ein Naturtalent. Er habe selten jemanden in dem Alter erlebt, der so flink und so geschickt sei.

Murad stand daneben und blickte verlegen auf seine Füße.

«Er wird uns zeigen, wie das geht … einem anderen den Ball wegzunehmen …», verkündete Isabelle.

«Toll, wie der das macht», rief Nele bewundernd.

«Did you play a lot of football when you were living in India?», fragte Claire.

Murad nickte. «My Dad taught me.»

«Talking about your Dad … there he is», sagte sie und zeigte auf Murads Vater, der gerade angekommen war.

Freudestrahlend lief Murad auf seinen Vater zu.

Der fing ihn auf und drehte sich mit ihm im Kreis. Und dann lachten beide. Marie spürte, wie ihr plötzlich die Tränen in die Augen stiegen. Vielleicht, weil sie so erleichtert war.

Reisepläne

Marie wurde davon wach, dass Julchen zu ihr ins Bett gekrochen kam und die Nase an ihrem Rücken rieb.

«Wann fahren wir an die Elbe?»

«Wie spät ist es denn?», fragte Marie schlaftrunken.

«Weiß ich nicht.»

Sie warf einen Blick auf ihren Wecker. «Viertel nach sechs. Bist du verrückt?»

«Wie viele Stunden noch?»

«… Knapp acht. Wir fahren erst um zwei.»

«Warum nicht früher?»

«Weil Mam und Pa heute Morgen tausend Sachen erledigen müssen, und Claires Eltern bestimmt auch.»

«Und Murad? Kommt der mit?»

«Ja.»

«Darf ich mit ihm in einem Auto fahren?»

«Klar.»

«Und was soll ich bis dahin machen?»

«Mal ein neues Bild.»

«Möcht ich nicht.»

Marie seufzte. «Was möchtest du denn?»

«Mit dir spielen.»

«Später. Erst mal schlafen wir beide noch etwas.»

«Neee ...»

«Doch.» Sie nahm Julchen in den Arm und begann, ein Schlaflied zu summen. Und nach ein paar Minuten merkte sie, dass ihre kleine Schwester tatsächlich eingeschlafen war.

Dafür war Marie jetzt umso wacher. Sie wünschte, dies wäre nicht Claires letzter Tag. Wann würden sie sich wieder sehen? Bisher hatten sie nichts verabredet. Ob Claire in diesem Jahr nochmal mit ihrem Vater nach Hamburg kommen würde?

Nebenan weinte Hanna. Marie hörte, wie Pa sagte, er hätte jetzt genug. Heute würde er anfangen, nach einer größeren Wohnung zu suchen. Aber wie sollen wir die höhere Miete bezahlen?, fragte Mam. Das werden wir schon irgendwie schaffen, antwortete Pa. So geht es nicht weiter.

Julchen atmete ruhig und gleichmäßig. Hannas Weinen konnte sie so schnell nicht wecken. Für Julchen wäre es auch besser, wenn sie mehr Platz hätten. Dann müsste sie nicht mehr mit den Zwillingen in einem Zimmer schlafen, sondern könnte sich eins mit Hanna teilen.

Irgendwann musste Marie doch eingeschlafen sein, denn als sie das nächste Mal auf ihren Wecker schaute, war es fast neun. Julchen lag nicht mehr neben ihr, sondern lachte mit jemandem im Flur. War das etwa Claire?

Schnell stand Marie auf und zog sich an.

«Sorry, if I've come too early ...», sagte Claire. «My parents offered to drop me on their way into town.»

«Nein, toll, dass du da bist. Hast du schon gefrühstückt?»

Claire nickte.

«Aber du trinkst sicher noch einen Kakao mit Marie, oder?», fragte Mam.

«Yes, thanks.»

Während Marie ihr Müsli aß, überlegten sie, was sie heute Vormittag unternehmen wollten.

«I'd love to go on a last bike ride.»

«Ich auch.»

«Would you like ... to go back to the tree?»

Marie schüttelte den Kopf.

«I feel the same. It's not my favourite spot any more.»

«Das liegt wahrscheinlich daran, dass Murad dort so unglücklich war.»

Claire nickte. «Let's just see where we end up.»

«Okay.»

Zehn Minuten später schwangen sie sich auf ihre Räder, und los ging's. Die Sonne schien, und es war noch einmal richtig warm geworden.

Als sie an die Außenalster kamen, sahen die Wiesen am Ufer so einladend aus, dass die beiden beschlossen, sich dort ins Gras zu legen. Claire war in Gedanken versunken, das hatte Marie schon während der Fahrt bemerkt. Ob es an der bevorstehenden Abreise lag? Aber warum lächelte sie dann manchmal so still in sich hinein?

«I have to tell you something.»

Marie richtete sich auf. «Was Schönes?»

Claire nickte. «My parents told me last night that they want to adopt a child ...»

«Sie wollen ein Kind adoptieren?» Marie schaute ihre Freundin mit großen Augen an.

«Yes. Apparently they put their names on a list a few months ago ...»

«Hey, super!», rief Marie und nahm Claire in die

Arme. «Dann wirst du endlich auch eine Schwester haben! Oder einen Bruder.» Sie lachte.

«Yes … But it may take a long time …»

«Das macht doch nichts. Hauptsache, es klappt irgendwann.»

«Just imagine: I won't be an only child any more.« Claire begann zu lächeln. «It's really exciting.»

«Ich freu mich so für dich.»

Marie sah Claire genau vor sich, mit einem kleinen Mädchen oder Jungen auf dem Schoß. Endlich würde ihr größter Wunsch in Erfüllung gehen.

«But don't tell anybody just yet.»

«Versprochen.»

«Last night my parents also spoke about when we could see each other again.»

«Darüber habe ich auch schon nachgedacht.»

«They asked me if you would like to come to Dublin in December.»

«Wirklich?»

«Yes, perhaps in the week after Christmas. That's a time when we are both on holiday.»

«Das wär toll! Ich werde meine Eltern gleich nachher fragen.»

Claire drückte ihre Hand. «And perhaps by then I'll have a little sister or a brother …» Sie strahlte.

Marie blickte in den blauen Himmel, an dem nur hier und da ein weißer Wolkenfetzen zu sehen war. Der Abschied von Claire würde ihr viel leichter fallen, wenn sie wüsste, wann sie sich wieder sehen würden.

Als sie mittags nach Hause kamen, waren Mam und Pa gerade dabei, die Einkäufe vom Supermarkt auszupacken.

«Jetzt frage ich sie», flüsterte Marie.

«Okay», antwortete Claire. «And I'll play with Julchen and the twins.»

Mam runzelte sofort die Stirn, als sie von Maries Plänen hörte. «In der Woche nach Weihnachten? Da sind wir noch bei den Großeltern.»

«Ich möchte aber so gern nach Dublin.»

«Vielleicht bleiben wir in diesem Jahr über Weihnachten in Hamburg», meinte Pa.

«Wieso?», fragte Mam.

«Wenn wir umziehen ...»

«Ist das denn schon sicher?», fragte Marie.

«Ja», antwortete Pa mit entschiedener Stimme. «Woher weißt du überhaupt davon?»

«Ich habe ein paar Mal gehört, wie ihr nachts darüber gesprochen habt ...»

Mam seufzte. «Pa hat Recht. Die Wohnung ist für uns zu klein geworden.»

«Was meinst du?», fragte Pa und gab Mam einen Kuss. «Ich denke, Marie sollte im Winter auf jeden Fall zu Claire fahren.»

«Ist gut.»

«Juhu!»

Marie fiel beiden um den Hals und rannte dann ins Wohnzimmer, um Claire zu erzählen, dass sie zu ihr kommen dürfe.

«Hey, that's great!» Claire strahlte.

«Und wann darf ich Claire besuchen?», rief Julchen.

«You can come when you are a bit older ... wenn du ein bisschen älter bist.»

«Und wir?», riefen die Zwillinge.

«You, too. Vielleicht kommt ihr irgendwann alle nach Irland ... together with your parents.»

Um kurz vor zwei klingelte es, und Murad stand vor der Tür.

«Hallo!», sagte Marie. «Schön, dass du da bist.»

Julchen griff gleich nach seiner Hand und zog ihn hinter sich her in die Küche.

«Warst du schon mal an der Elbe?», fragte Nele.

«Nein ...»

«Da essen wir immer Qualle auf Sand», sagte Isabelle.

«Was ... ist das?»

«Was Leckeres!»

In dem Augenblick klingelte das Telefon.

«I hope that's not my parents ringing to call off the trip», murmelte Claire.

«Warum?», fragte Marie.

«Because my Mum is so worried about my Granny. She said earlier on she wasn't in the mood to see other people.»

«Ihr fahrt ja morgen zurück.»

«I know ...»

Marie hörte, wie Pa am Telefon sagte, dass sie nicht länger nach einem Parkplatz suchen sollten. Sie seien alle fertig und würden jetzt herunterkommen.

«Siehst du?», flüsterte Marie. «Alles okay.»

Claire nickte erleichtert. «Otherwise I would have been really disappointed.»

«Wer fährt mit Mam, Hanna und mir?», fragte Pa.

«Die Zwillinge, Murad und ich», verkündete Julchen. «Und Murad sitzt neben mir.»

Niemand protestierte, und so stiegen Marie und

Claire in den Leihwagen von Claires Eltern. Es war ein dunkelgrüner BMW mit beigen Ledersitzen. In so einem Auto war Marie noch nie gefahren.

«Hi, Marie», sagte Claires Vater. «Sorry I didn't see more of you this week. But I've been extremely busy.»

«That's all right.»

«Did you have a nice morning?»

«Yes … we went for a lovely bike ride.»

«Marie has just spoken to her parents about a trip to Dublin after Christmas», sagte Claire.

«And what did they say?»

«It's okay with them», antwortete Marie.

«Oh, how wonderful!», rief Claires Mutter. «Then the two of you won't be apart for too long.»

Maries Blick fiel auf Claires Armband und dann auf ihr eigenes. Sie würden die Trennung schon überstehen. Zum Glück gab es ja Telefon und E-Mail. Gleich morgen Abend würde sie Claire die erste Mail schicken …

Die Autorin

Renate Ahrens, 1955 in Herford geboren, studierte Englisch und Französisch in Marburg, Lille und Hamburg. Zu ihren Veröffentlichungen gehören Kinderbücher, Drehbücher fürs Kinderfernsehen, Hörspiele, Theaterstücke und zwei Romane für Erwachsene. Seit 1986 lebt sie abwechselnd in Dublin und Hamburg und weiß daher, wie schwer es ist, sich von Freunden trennen zu müssen, aber auch, wie schön es ist, sich nach Monaten wieder zu sehen ...